MEMOIRE *signifié*

POUR la Comtesse d'HAUTEFORT, Appellante.

CONTRE le Marquis d'HAUTEFORT, *Pierre Mandeix, Antoine Soutet, Jean Gaffelin, Claude Martinon, Etienne Thomas & Paul Martin, Intimez.*

LA Sentence dont est appel, du 23 May 1730, décharge le Marquis d'Hautefort & les autres accusez, de l'accusation intentée par la Dame d'Hautefort ; adjuge au Marquis d'Hautefort 10000 livres de dommages & interests, & 100 livres à chacun des six autres accusez ; ordonne que les termes injurieux inserez dans la Requeste de conclusions civiles de la Dame d'Hautefort, signifiée le 8 May 1730, seront rayez & biffez ; condamne la Dame d'Hautefort aux dépens envers toutes les Parties, sauf à elle à se pourvoir à fins civiles sur le surplus de ses demandes ; & permet au Marquis d'Hautefort de faire imprimer la Sentence.

Quelque inquiétude que la Dame d'Hautefort deût avoir d'être obligée de soutenir, devant le Lieutenant-Criminel du Chastelet, le personnage d'accusatrice, contre un Adversaire aussi puissant & aussi acredité que l'est le Marquis d'Hautefort, elle ne pouvoit pas cependant s'attendre à un jugement aussi inique & aussi extraordinaire.

Les attentats ausquels le Marquis d'Hautefort s'étoit porté pour étouffer la voix de son accusatrice, & pour se rendre le maître de sa personne ; la severité avec laquelle ces attentats ont été reprimez par l'autorité souveraine de la Cour ; les impressions sinistres que la discussion de cette affaire a fait naître dans tous les esprits contre le Marquis d'Hautefort, qui s'est vû perpétuellement accablé du poids de l'indignation publique ; la force des preuves qui ont déterminé la Cour à confirmer la procédure de la Dame d'Hautefort par l'Arrest du 2 Avril 1729 ; les nouvelles preuves qui lui ont été acquises par le progrès de l'instruction, sembloient lui annoncer un sort bien different.

Il est prouvé par écrit que le Comte d'Hautefort avoit en sa possession, & dans une cassette fermante à secret, les titres, de la soustraction desquels la Dame d'Hautefort se plaint. Ces titres étoient son Contrat de mariage, l'Acte de celebration de son mariage avec le Comte d'Hautefort, & un Testament holographe que le Comte d'Hautefort avoit fait en sa faveur à Hauterive le 4 Septembre 1726. Le Comte d'Hautefort avoit pris la précaution de rassembler ces titres précieux dans un paquet, sur l'enveloppe duquel il avoit écrit de sa main l'énumeration de ces pieces & leur destination, *pour être envoyées bien fidelement au Chasteau de S. Quentin à Avranches,*

A

où demeure la Dame d'Hautefort. Les preuves écrites qui conftatent ces veritez importantes, ont efté jugées par le fuffrage unanime de cinq Experts nommez d'office, avoir efté produites par la main du Comte d'Hautefort. Il n'eft pas moins conftant par l'inftruction, que le Comte d'Hautefort, dans les derniers jours de fa vie, avant que de quitter fa maifon pour aller dans celle où il eft decedé, a recommandé à Mandeix, le plus ancien de fes domeftiques, de lui apporter fa caffette s'il la demandoit, & de la lui apporter lui-même, fans la confier à perfonne; que Mandeix, avant la mort de fon maître, s'eft faifi de la clef de cette caffette, dont le fecret n'étoit connu que du Comte d'Hautefort & de lui; que le jour de la mort du Comte d'Hautefort, & avant l'appofition des fcellez, Mandeix, en prefence de Soutet & de Gaffelin, a fouillé dans cette caffette; qu'on y a vû des paquets cachetez, dont il n'a efté fait aucune mention ni dans les Procès verbaux d'appofition & de levée des fcellez, ni dans l'Inventaire; & que depuis, Mandeix a remis au Marquis d'Hautefort un grand nombre de papiers, qui n'ont jamais paru fous les yeux des Officiers de Juftice, & defquels le Marquis d'Hautefort avoue avoir brûlé dans fon cabinet la plus grande partie. Enfin, la démonftration du crime, qui confifte dans la fuppreffion de tous ces papiers, fe trouve couronnée par une infinité de contradictions où les accufez font tombez, & par plufieurs menfonges dont ils font convaincus.

Dans de telles circonftances, eftoit-il naturel de s'imaginer que la Dame d'Hautefort feroit traitée comme une calomniatrice; que le Marquis d'Hautefort, qui profite feul du crime dont elle fe plaint, feroit dechargé de l'accufation, avec 10000 livres de dommages & interêts; que les indignes agens qui fe font prétez à ce myftere d'iniquité, & les autres accufez convaincus de parjures & de menfonges inexcufables, feroient récompenfez par des dommages & interêts? Mais plus la Sentence dont eft appel eft criante, plus elle a fcandalifé tous ceux que le credit n'éblouit point, moins elle fera de préjugé dans un Tribunal augufte, où le credit n'a jamais trouvé d'accès, & où la verité triomphe toûjours des brigues de ceux qui s'efforcent de l'obfcurcir.

L'objet de cet écrit n'eft pas de reprendre dans toute fon étendue une affaire, dont les circonftances fe trouvent développées dans la Requefte de conclufions civiles, que la Dame d'Hautefort a donnée en caufe principale, qui a été imprimée, & qu'elle employera pour griefs. On fe propofe feulement de raffembler en peu de mots les principales preuves qui fe réuniffent, pour manifefter les crimes que la Dame d'Hautefort a deferez à la Juftice, & de répondre à quelques objections répandues dans une Requefte imprimée, que le Marquis d'Hautefort n'a donnée que depuis la Requefte de conclufions civiles de la Dame d'Hautefort.

Quels font les crimes dont la Dame d'Hautefort a porté fes plaintes à la Juftice? Le Comte d'Hautefort qu'elle a époufé au mois de Septembre 1726, n'a pas jugé à propos de rendre d'abord fon mariage public: il a efté furpris au mois de Fevrier 1727, par une mort inopinée, dans le tems qu'il fe difpofoit à declarer fon mariage, dont il avoit les titres juftificatifs en fa poffeffion. Peu de jours après la celebration de fon mariage, il avoit fait à Hauterive un Teftament holographe en faveur de la Dame d'Hautefort; ce

Teſtament, & les titres relatifs au mariage, étoient au moment du decès du Comte d'Hautefort, parmi ſes papiers & dans ſa caſſette. Après ſa mort on a fouillé dans ſa caſſette, les titres qui y étoient ont diſparu, il n'en exiſte aucune trace, ni dans les Procès verbaux d'appoſition & de levée de ſcellé, ni dans l'Inventaire : c'eſt dans la ſuppreſſion de ces titres, que conſiſte le principal crime, dont la Dame d'Hautefort ſe plaint.

Par où peut-on parvenir à manifeſter à la Juſtice un crime de cette qualité ?

Il faut commencer par aſſurer la verité du fait qu'il y a eu un mariage celebré, & un Contrat de mariage paſſé entre le Comte d'Hautefort & l'Appellante ; & que le Comte d'Hautefort avoit fait à Hauterive un Teſtament holographe, poſterieur à celui que repreſente aujourd'hui le Marquis d'Hautefort.

Ce premier fait éclairci, il faut conſtater que le Contrat de mariage, les autres titres relatifs à ce mariage, & ce Teſtament fait par le Comte d'Hautefort à Hauterive, éxiſtoient au moment de ſa mort parmi ſes papiers dans ſa caſſette ; que depuis la mort du Comte d'Hautefort, & avant l'appoſition des ſcellez, on a fouillé dans la caſſette où ces papiers étoient conſervez, & que ceux qui y ont fouillé, ont eu en leur poſſeſſion differens papiers dont ils ont diſpoſé, & qui n'ont jamais paru ſous les yeux des Officiers de Juſtice qui ont procedé à l'appoſition & à la levée des ſcellez, & à la confection de l'Inventaire. Si ces faits ſont prouvez, il ne reſte aucune reſſource au Marquis d'Hautefort, ni à ceux qui ont favoriſé ſon crime. Parcourons les preuves.

L'Appellante rapporte une expédition en bonne forme de l'Acte de celebration de ſon mariage. Cette expédition lui a eſté delivrée par un Officier public, ſur un original qui s'eſt trouvé dans un Regiſtre conſervé dans le dépôt public d'un Greffe Royal. Il eſt vrai que la feuille ſur laquelle ce mariage eſt inſcrit n'eſt point une portion de ce Regiſtre, c'eſt une feuille détachée qui n'eſt ni cotée, ni paraphée. Mais ſi par cette raiſon le monument qui aſſure la verité du mariage de l'Appellante, n'eſt pas auſſi authentique qu'on pourroit le deſirer, cette circonſtance ne peut jamais en rendre la verité ſuſpecte. L'Officier public qui a delivré l'expédition, atteſte que la feuille ſur laquelle il a trouvé ce mariage inſcrit, *eſt en papier timbré, ſigné des Parties & du Prieur d'Argentré, ainſi qu'il nous eſt apparu.* Cet Officier, Greffier de la Juſtice Royale de Laval, eſtoit bien à portée de connoître la ſignature du Comte d'Hautefort, & la ſignature d'un Curé, de la main de qui eſtoient écrits la plûpart des Actes de Baptêmes, Mariages & Sepultures, inſerez dans les Regiſtres dont ce Greffier Royal eſtoit dépoſitaire. Et ce Greffier qui a delivré à l'Appellante l'expédition de cet Acte de celebration pouvoit encore aller plus loin, & atteſter comme il eſt vrai, que le corps de cet Acte de celebration eſt entierement écrit de la main du Sieur le Blanc, Curé d'Argentré, mort quinze jours après la celebration de ce mariage, & plus de quatre mois avant la mort du Comte d'Hautefort : ainſi l'on ne peut pas ſoupçonner cet Acte d'avoir eſté fabriqué depuis la mort du Comte d'Hautefort.

Quand l'Appellante ne produiroit que ce ſeul titre, dont l'original reſide dans un dépôt public, il n'en faudroit pas davantage pour conſtater la celebration de fon mariage avec le Comte d'Hautefort : mais ce monument public fe trouve dans fa main appuyé par une foule de monumens domeftiques, qui concourent à manifefter la même verité.

Elle rapporte une quantité prodigieufe de Lettres du Comte d'Hautefort entierement écrites de fa main, dont les unes anterieures à la celebration de fon mariage, annoncent clairement un projet de mariage, & une recherche fondée fur l'eftime la plus pure ; & les autres pofterieures à la celebration de ce même mariage, prouvent fenfiblement l'execution du projet, & la réalité de la celebration. Mais entre ces differentes Lettres, il y en a deux qui meritent une attention particuliere, & qui ont infiniment fcandalifé le Marquis d'Hautefort.

L'une eft datée du 7   1726 : (c'eft Novembre) voici comme le Comte d'Hautefort s'y explique.

Je n'ai pas perdu un inftant en arrivant à Rambouillet à demander de vos nouvelles, vous ne devez point douter un moment, ma petite Reine, de ma pure & tendre amitié, & de tout mon cœur. Ma fanté ne s'eft point encore rétablie, fongez à la vôtre. NE VOUS ALLARMEZ PAS SI VISTE, JE VOUS REPETE QUE LE MOIS D'AVRIL NE ME REVERRA PAS DANS CE MAUDIT PAÏS. VOUS SÇAVEZ CE QUE JE VOUS AI DIT DE MON ARRANGEMENT, JE PARTIRAI POUR HAUTERIVE, PERSONNE N'AURA PLUS DE MESURES A GARDER. *Je commence à être diablement las de ce maudit métier ;* MAIS GARDEZ BIEN ET AVEC SOIN LES PAPIERS QUE JE VOUS AI DONNEZ ; *car fi je venois à manquer* AVANT QUE NOTRE MARIAGE FUST DECLARE', *vous mettriez par là bien à la raifon tous les gens qui fe pourroient avec grand tort perfuader que je ne pouvois pas,* PAR MON CONTRAT DE MARIAGE VOUS DONNER TOUT MON BIEN. *Les voila bien éloignez de compte.* SI JE N'AVOIS PAS EU L'HONNEUR DE VOUS EPOUSER SOYEZ CERTAINE QUE JE PARTIROIS DEMAIN. *J'ai écrit à mon ami S. Quentin* (c'eft le fecond mari de la mere de l'appellante, Capitaine des Vaiffeaux du Roy) *bon foir, portez-vous bien, je le defire de tout mon cœur, ne doutez point de mon amitié très-pure,* Signé, D'HAUTEFORT.

L'Appellante ayant connu par cette Lettre que le Comte d'Hautefort fon mari croyoit lui avoir remis les pieces dont il y eft parlé, lui écrivit pour le defabufer ; & le Comte d'Hautefort ayant en effet retrouvé dans fa caffette tous ces papiers, lui fit le 17 Decembre fuivant la réponfe, dont voici les termes :

VOUS AVIEZ RAISON, EN ARRIVANT A PARIS, J'AI TROUVE' CE QUE JE CROYOIS VOUS AVOIR DONNE' A HAUTERIVE, LE TOUT EST ENSEMBLE AVEC NOTRE CONTRAT DE MARIAGE DANS MA CASSETTE AVEC SURETE' : *vous fçavez ce que je vous ay dit à Hauterive à plufieurs fois* AVANT DE VOUS AVOIR FIANCE'E, COMME J'ESPERE DES ENFANS, *je ferai bien-aife de fonger à vous, n'ayant d'autre envie que de vous rendre heureufe, & que vous vouliez bien me fouffrir pour le peu de tems que j'ay à vivre : voilà mes fentimens pour vous, foyez fûre de mon amitié, & de mon attachement à toute épreuve :* D'HAUTEFORT.

Cette Lettre eftoit accompagnée d'un Billet entierement écrit de la main du Comte d'Hautefort, figné & daté du 15 Decembre 1726, conçû en ces termes :

J'ay fait à Hauterive le mémoire de tout ce qui y eft. J'AY DANS MA CASSETTE MON TESTAMENT FAIT A HAUTERIVE. *A Breft, il y a partie de ma vaiffelle d'argent*

d'argent & autres chofes, le refte eft bien en forme ; il faut, s'il vous plaît, pren-
dre confeil de Madame de S. Quentin, & de mes vieux amis, fi je vous manquois.
D'HAUTEFORT. Ce 15 Decembre 1726.

L'Appellante joint à toutes ces preuves, une Quittance de dot, dont
voici les termes :

J'ay reçû de MADAME D'HAUTEFORT, *la fomme de 75000 livres portée par*
NOTRE CONTRAT DE MARIAGE, *& lui donne cette prefente reconnoiffance* POUR
PLUS GRANDE SURETÉ, *& pour lui eftre bonne ; en foi de quoi j'ai écrit & figné,*
GILLES D'HAUTEFORT. A Hauterive, ce 2 Octobre 1726.

Enfin, toutes ces pieces fe trouvent fortifiées par une derniere preuve,
d'un caractere bien fingulier, & bien propre à développer le crime que le
Marquis d'Hautefort s'étoit flatté de rendre impénetrable.

Le 17 Janvier 1729, le Curé de S. Jean en Greve apporta au Greffe de
la Cour un paquet cacheté, dont l'ouverture a efté faite par un Commiffaire
de la Cour, & dans lequel fe font trouvez deux fragmens de papier, fort
chiffonnez & tachez, qui, rapprochez, paroiffent faire partie l'un de l'autre,
& contiennent fix lignes, foit entieres, foit commencées : voici ce qu'on lit
fur ces deux fragmens, qui ont efté reprefentez aux accufez, lorfqu'ils ont
fubi interrogatoire.

de S. Quentin Avranche coi
mon Contrat de mar
mon Teftament du 24 Septembre, le fertif
de mon mariage avec elle pour le
tout eftre envoyé bien fidelement au
Chafteau de S. Quentin à Avranche

Ces cinq pieces, c'eft-à-dire, les deux Lettres du Comte d'Hautefort,
le Memoire du 15 Decembre 1726, la Quittance de dot du 2 Octobre
1726, & les deux fragmens de papier, ont efté verifiées par cinq Experts
nommez d'office par le Lieutenant-Criminel, qui, après les avoir examinées
pendant vingt-huit vacations, & les avoir comparées à un Teftament holographe du Comte d'Hautefort, par lequel le Marquis d'Hautefort eft inftitué légataire univerfel, & à un partage des biens de la maifon d'Hautefort,
dans lequel il y a trente-trois differentes fignatures du Comte d'Hautefort,
ont unanimement declaré qu'elles eftoient entierement écrites de la main
du Comte d'Hautefort.

Ces preuves litterales produites par la main du Comte d'Hautefort, que
le Marquis d'Hautefort a perpetuellement foutenu fauffes, mais fur la verité
defquelles il n'eft plus préfentement permis de concevoir le moindre doute,
accablent fans reffource le Marquis d'Hautefort. Il y a un mariage celebré
entre le Comte d'Hautefort & l'Appellante, l'acte de celebration figné du
Comte d'Hautefort, de l'Appellante, du Curé qui leur a adminiftré la Benediction nuptiale, exifte dans un dépôt public, le corps de cet acte de
celebration eft entierement écrit de la main de ce Curé qui eft mort 15.
jours après la celebration de ce mariage, & plus de quatre mois avant la
mort du Comte d'Hautefort. Il y a eu un Contrat de mariage paffé : à la
verité ce mariage n'étoit point déclaré, mais on voit dans les lettres du Comte
d'Hautefort avec quelle effufion de cœur il s'efforce de calmer les inquietu-
des de celle qu'il a époufée, en lui rappellant les arrangemens qu'il a pris

B

pour rendre fon mariage public dans le mois d'Avril. *Ne vous allarmez pas fi vîte, je vous répete que* LE MOIS D'AVRIL NE ME REVERRA PAS DANS CE MAUDIT PAÏS. *Vous fçavez ce que je vous ai dit de mon arrangement, je partirai pour Hauterive* PERSONNE N'AURA PLUS DE MESURES A GARDER . . . . . *Si je n'avois pas eu l'honneur de vous époufer, foyez certaine que je partirois demain.* Si ce mariage n'a point été rendu public, c'eft qu'une mort inopinée a furpris le Comte d'Hautefort le 7 Février 1727, dans le tems qu'il fe difpofoit à aller prendre le commandement des vaiffeaux que l'on avoit armez à Breft & à Toulon, & à fe rendre auparavant à Hauterive au mois d'Avril, pour que *perfonne n'eût plus de mefures à garder.* Mais dans la quittance de dot qu'il avoit donnée à l'Appellante *pour plus grande fûreté,* il ne feint point de l'appeller *Madame d'Hautefort, j'ai reçu de* MADAME D'HAUTEFORT *la fomme de 75000. livres, portée par notre Contrat de mariage.* Peu de jours après fon mariage, le Comte d'Hautefort a fait à Hauterive un Teftament daté du 24 Septembre, il apprend à l'Appellante où eft ce Teftament. *J'ai dans ma caffette mon Teftament fait à Hauterive.* Le Comte d'Hautefort croyoit avoir remis à l'Appellante l'acte de celebration de fon mariage, fon Contrat de mariage, & fon Teftament fait à Hauterive. Dans cette perfuafion il recommande à l'Appellante de garder avec foin ces papiers, avec lefquels elle pourra mettre à la raifon fes heritiers, en cas qu'il vienne à manquer, avant que le mariage foit déclaré, *mais gardez bien & avec foin les papiers que je vous ai donnez; car fi je venois à manquer avant que notre mariage fût déclaré, vous mettriez par-là bien à la raifon ceux qui fe pourroient avec grand tort perfuader que je ne pouvois pas par mon Contrat de mariage vous donner tout mon bien.* Dans la fuite il eft détrompé de cette idée par une lettre que lui écrit l'Appellante, il cherche dans fa caffette, il y trouve en effet les papiers qu'il croyoit avoir remis de la main à la main à l'Appellante, il s'empreffe de la tirer d'inquietude en l'avertiffant que ces papiers font dans fa caffette avec fûreté; d'abord il ne penfe point à les lui envoyer, parce qu'il comptoit la rejoindre dans peu de tems & au mois d'Avril au plûtard. *Vous aviez raifon, en arrivant à Paris, j'ai trouvé ce que je croyois vous avoir donné à Hauterive,* LE TOUT EST ENSEMBLE AVEC NOTRE CONTRAT DE MARIAGE DANS MA CASSETTE AVEC SURETE', & il accompagne cette lettre d'un billet où il lui apprend que fon Teftament eft auffi dans la Caffette, & ou il lui explique quelques arrangemens domeftiques qu'il a pris. *J'ai fait à Hauterive le memoire de tout ce qui y eft, J'AI DANS MA CASSETTE MON TESTAMENT FAIT A HAUTERIVE, à Breft il y a partie de ma vaiffelle d'argent & autres chofes,* LE RESTE EST BIEN EN FORME. Dans la fuite obligé de quitter fa maifon pour fe retirer chez Martinon Chirurgien, où il eft mort le 7 Février 1727, il prend la précaution de raffembler ces titres prétieux dans un paquet, & d'écrire de fa main fur l'enveloppe de ce paquet l'énumeration des pieces qu'il y avoit renfermées, & leur deftination. Les fragmens de cette enveloppe qui ont efté apportez au Greffe de la Cour, dont il a efté fait une defcription exacte par un Commiffaire de la Cour, & fur lefquels les Experts ont reconnu la main du Comte d'Hautefort, manifeftent clairement cette verité.

Avec des preuves de cette force & de cette énergie, il ne s'agit pas de s'étendre en raifonnemens, il ne faut que les préfenter nuement & fans art. On doit craindre de les affoiblir par des réflexions.

Mais ces preuves litterales acquierent un nouveau degré d'évidence, quand on les rapproche des preuves vocales.

Cette caffette dont le Comte d'Hautefort parle dans ses lettres & dans les autres pieces que l'on vient de détailler, s'est trouvée après sa mort. L'Ebeniste qui l'a faite, nommé Devismes, a été entendu. Sa déposition nous apprend que cette caffette étoit garnie d'une serrure à secret, & propre à mettre dans une chaise de poste ; qu'il eut beaucoup de peine à apprendre au Comte d'Hautefort le secret de l'ouvrir ; qu'il a même été plusieurs fois chez lui pour le lui montrer, & que le Comte d'Hautefort ne pouvant le retenir, lui dit de l'apprendre à Mandeix son Valet de Chambre, ce qu'il fit, & que Mandeix retint ce secret fort aisément.

Il n'y avoit donc que le Comte d'Hautefort, & Mandeix son Valet de Chambre, & le plus ancien de ses Domestiques qui sçussent le secret d'ouvrir cette Caffette, le maître avoit eu beaucoup de peine à l'apprendre, le Domestique l'avoit appris avec une extrême facilité.

Une infinité de dépositions se réunissent pour constater que c'étoit dans cette Caffette que le Comte d'Hautefort serroit son or & ses papiers les plus prétieux ; que dans ses voyages il la portoit ordinairement avec lui dans sa chaise de poste ; que quand il étoit à Paris ou à la Cour, la caffette étoit à la garde de Mandeix, & dans sa chambre, mais que le Comte d'Hautefort en gardoit toûjours la clef sur lui ; que quand le Comte d'Hautefort quitta sa maison pour se retirer chez Martinon où il est mort, il eut grand soin de recommander à Mandeix de lui apporter cette caffette s'il la demandoit, & sur ce que Mandeix lui demanda s'il ne pourroit pas la lui envoyer par quelqu'un en cas qu'il fût occupé pour ses affaires, le Comte d'Hautefort lui répliqua que non, & qu'il falloit qu'il la lui apportât lui-même.

Cette circonstance merite une attention particuliere, c'est de Mandeix lui-même que ceux qui en ont déposé l'ont apprise, & Mandeix en est convenu dans sa réponse à l'article 23. de son interrogatoire.

A la verité il s'efforce de donner le change en disant que le Comte d'Hautefort lui donna cet ordre pour son écritoire, & qu'il ne fut pas question de la Caffette ; mais personne ne se laissera surprendre à cette équivoque.

Il est vrai que le Comte d'Hautefort outre sa caffette dont il parle dans ses lettres, & dans le memoire du 15 Decembre 1726, avoit encore une écritoire de maroquin fermante à clef, mais ce n'étoit pas dans cette écritoire que le Comte d'Hautefort serroit ses papiers ; c'étoit dans la caffette fermante à secret que lui avoit faite Devismes Ebeniste ; après la mort du Comte d'Hautefort il n'a point été question de l'écritoire sur laquelle le scellé n'a point été apposé, mais il a été question de la caffette sur laquelle on a mis le scellé, & où le procès verbal de levée des scellez constate qu'il s'est trouvé des papiers. Les témoins qui rendent compte dans leurs dépositions de ce que Mandeix leur a dit à ce sujet parlent de la caffette, & non pas de l'écritoire. Il est donc évident que la réponse de Mandeix doit s'entendre de la caffette & non pas de l'écritoire. Il ne tombera en effet sous le sens de personne que le Comte d'Hautefort eût pris tant de précautions, & qu'il eût si expressément recommandé à Mandeix de lui apporter lui-même une écritoire dans laquelle il n'y avoit rien, & dont il n'a point été question lors de l'appofition des fcellez , au lieu que cette précaution eft toute naturelle à l'égard d'une caffette fermante à fecret, où le Comte d'Hautefort confervoit fes papiers les plus prétieux , qu'il portoit avec lui dans fes voyages , & dont Mandeix étoit le feul de fes Domeftiques qui connût le fecret.

Quel motif a pu déterminer le Comte d'Hautefort à recommander avec tant de foin dans les derniers jours de fa vie à Mandeix , le plus ancien de fes Domeftiques , & celui fur lequel il comptoit le plus, de lui apporter cette caffette, & de la lui apporter lui-même fans la confier à qui que ce foit ? Il eft facile de fe fixer fur ce point en fe rappellant les preuves litterales dont on vient de rendre compte ; c'eft que dans cette caffette étoient les titres que le C. d'Hautefort croyoit avoir remis à l'Appellante , mais qu'il avoit depuis retrouvez. *Vous aviez raifon en arrivant à Paris j'ai trouvé ce que je croyois vous avoir donné à Hauterive , le tout eft enfemble avec notre Contrat de mariage dans ma caffette avec sûreté . . . . j'ai dans ma caffette mon teftament fait à Hauterive.* C'eft que dans cette caffette étoit renfermé le paquet dans lequel le Comte d'Hautefort avoit raffemblé ces titres fi intereffans , & écrit de fa main fur l'enveloppe , dont les fragmens exiftent au procès le détail des pieces contenues dans le paquet. *Mon Contrat de mar , mon Teftam du 24. Sept , le fertif de mon mariage avec elle* , & l'ufage qu'il vouloit faire de ces pieces , *pour le tout être envoyé bien fidelement au Château de Saint Quentin à Avranches.* On ne parviendra jamais à affoiblir les preuves qui naiffent de la combinaifon de ces faits.

Il ne paroît point par l'inftruction que le Comte d'Hautefort qui eft mort chez Martinon le 7 Fevrier 1727, fur les neuf heures du matin , ait demandé & fe foit fait apporter par Mandeix cette caffette. Mais un fait bien prouvé par l'inftruction , détruit toutes les inductions que le Marquis d'Hautefort pourroit être tenté de tirer de cette circonftance.

Quoique l'on apperçoive dans les preuves du procès que le Comte d'Hautefort même avant que de fe retirer chez Martinon, a eu de l'inquietude fur fon état ; il eft cependant certain , que même la veille de fa mort le Comte d'Hautefort ne fe regardoit point comme menacé d'une mort prochaine.

La preuve de cette circonftance décifive réfulte clairement de la dépofition d'Etienne Gobu dit Bourguignon , l'un des laquais du C. d'Hautefort , qui l'accompagna chez Martinon, & qui étoit à côté de fon lit lorfqu'il eft mort. Ce témoin contre lequel le Marquis d'Hautefort n'a fourni aucun reproche , dit expreffément dans fa dépofition , *que la veille du décès du Comte d'Hautefort , il vint pour lui trois lettres , dont une étoit* DE MADEMOISELLE DE KERBABU, *qu'il dit au dépofant* DE GARDER SOIGNEUSEMENT CELLE DE MADEMOISELLE DE KERBABU, ET QU'IL LA LIROIT LUI-MÊME QUAND IL SE PORTEROIT MIEUX, *que le dépofant décacheta & lui leut les deux autres ; qu'auffi-tôt fon décès , le dépofant remit entre les mains de Mandeix la lettre de Mademoifelle de Kerbabu toute cachetée.* Ainfi le Comte d'Hautefort , la veille de fa mort fe faifoit encore lire les lettres qui venoient pour lui , & parce qu'entre ces lettres il y en avoit une de l'Appellante ; il eut l'attention de la faire mettre à part pour la pouvoir lire lui-même quand il fe porteroit mieux.

Une autre circonftance qui n'eft pas moins importante, & qui eft prouvée invinciblement par la dépofition de Bourguignon & de Gentil , les deux Laquais du Comte d'Hautefort qui eftoient avec lui pendant fon fejour chez Martinon ; c'eft qu'avant la mort du Comte d'Hautefort , & pendant qu'il

eftoit

eſtoit à l'agonie, Mandeix ſe fit remettre toutes les clefs qui eſtoient dans les poches de ſon maiſtre, & du nombre deſquelles eſtoit la clef de la caſſette à ſecret. Mandeix, dans ſon interrogatoire article 42, eſt convenu de ce fait ; il prétend ſeulement, dans la réponſe à l'article 43, n'avoir eu ces clefs que *quelques minutes avant la mort du Comte d'Hautefort* ; & il ajoûte dans l'art. 44, *qu'il voulut les remettre au Marquis d'Hautefort, qui lui fit réponſe qu'elles étoient bien entre ſes mains, & qu'il n'avoit qu'à les garder, ce qu'il fit.*

Mandeix nanti de la clef d'une caſſette, dont il eſtoit le ſeul des domeſti-ques du Comte d'Hautefort qui connût le ſecret, & qui depuis la mort du Comte d'Hautefort, eſt demeuré au ſervice du Marquis d'Hautefort ſon neveu, a eſté le maître de fouiller dans cette caſſette dans un intervalle de plus de ſix heures qui s'eſt écoulé entre le decès du Comte d'Hautefort & l'appoſition des ſcellez. Le Comte d'Hautefort eſt mort le 7 Fevrier 1727, ſur les neuf heures du matin, dans la maiſon de Martinon Chirurgien, rue de la Culture Sainte Catherine : ce fait eſt préciſement atteſté par les dépo-ſitions de Bourguignon & de Gentil ſes deux laquais, qui eſtoient auprès de lui quand il mourut. Et le Procès verbal d'appoſition de ſcellez fait foi, que le Commiſſaire Parent, qui demeure rue Mazarine, ne fut requis pour cette appoſition que le même jour 7 Fevrier 1727, à trois heures de rele-vée ; par conſequent il ne put gueres ſe rendre avant quatre heures à l'hoſtel du Comte d'Hautefort, ſis au Fauxbourg S. Germain, rue de Varenne.

Mais ce n'eſt pas aſſez de prouver que Mandeix a eſté à portée de fouiller dans la Caſſette du Comte d'Hautefort, il faut prouver qu'il y a fouillé en effet, avant l'appoſition des ſcellez. L'inſtruction adminiſtre ſur ce point capital une démonſtration complete.

Bourguignon, l'un des laquais du Comte d'Hautefort, dit dans ſon recol-lement, *qu'il a oui dire à Mandeix & à Soutet, qu'ils avoient ôté de la caſſette du feu Comte d'Hautefort, ſoixante & quelques louis-d'or vieux, apprehendant que ſi on les trouvoit lors des ſcellez, ils ne fuſſent confiſquez.*

Robert Saguier, autre domeſtique du Comte d'Hautefort, dit dans ſon recollement, *que Mandeix lui a dit, que le jour du decès du Comte d'Hautefort, il avoit ouvert ſa caſſette à ſecret, pour en tirer de l'or vieux & de l'argent vieux, de peur qu'il ne fuſt confiſqué :* & ces deux Témoins confrontez à Mandeix & à Soutet, qui n'ont fourni contre eux aucun reproche, y ont perſiſté. Ce fait pleinement aſſuré que Mandeix a, de ſon aveu, ouvert la caſſette du Comte d'Hautefort qu'il avoit en depôt, pour n'en tirer, ſelon lui, que de vieil or, ſuffit pour expoſer les accuſez à l'animadverſion de la Juſtice. Car, s'il eſtoit permis à des domeſtiques, après la mort de leur maître, de fouiller impunement dans ſes papiers, & de faire à chacun des intereſſez à la ſuccef-ſion tel parti qu'il leur plairoit, par les connoiſſances qu'ils auroient acquiſes des affaires du deffunt, le ſort de toutes les familles ſe trouveroit à leur diſ-cretion, & ils ſeroient à portée de commettre toutes ſortes de larcins. Y a-t'il rien qui doive tant exciter la ſeverité de la Juſtice ? Mais ces deux té-moins ne ſont pas les ſeuls qui nous apprennent l'ouverture de la caſſette du Comte d'Hautefort, il y en a un autre qui nous détaille ce qui s'eſt paſſé à cette ouverture.

Françoiſe Champagne, qui a eſté quinze ans au ſervice du Comte d'Hau-tefort, qui eſtoit dans ſa maiſon le 7 Fevrier 1727, jour de ſa mort, dit

C

dans fon recollement que *le jour de la mort du Comte d'Hautefort, après midi,*

& dans le tems qu'on alloit appofer le fcellé, Gaffelin (1) *vint dans la maifon, & monta avec Mandeix & le nommé Soutet* (2)*, dans la chambre de Mandeix, où ils refterent une demi-heure, après laquelle elle monta les joindre, & refta environ trois quarts-d'heure avec eux, jufqu'à ce qu'on l'appellât pour aller & venir; que pendant le tems que Soutet & Mandeix étoient enfemble,* MANDEIX OUVRIT UNE CASSETTE GARNIE DE LAMES D'ACIER, DU FEU COMTE D'HAUTEFORT, DONT IL AVOIT LA CLEF, ET Y VIT PLUSIEURS PAQUETS CACHETEZ; DONT TROIS OU QUATRE DE LA LONGUEUR DE HUIT A NEUF POUCES, SUR CINQ POUCES OU ENVIRON DE LARGEUR; *qu'alors lefdits Gaffelin & Soutet demanderent ce que c'eftoit que ces papiers, à quoi Mandeix répondit que c'eftoit des lettres de la Marine: mais n'a point vû qu'on ait ôté aucuns papiers de ladite caffette; qu'il eft vrai* QU'ELLE A VEU QUE MANDEIX A TIRÉ DE LADITE CASSETTE PLUSIEURS LOUIS-D'OR VIEUX, *mais ne peut dire à quelle fomme ils montoient; fçait auffi que Mandeix les a portez à la Monnoye, & a rapporté de l'argent neuf à la place.*

Voilà donc trois hommes devouez au Marquis d'Hautefort, qui, le jour de la mort du Comte d'Hautefort, font long-tems enfemble dans la chambre de Mandeix, où eftoit la caffette du Comte d'Hautefort, de laquelle Mandeix avoit, de fon aveu, la clef quelques minutes avant la mort du Comte d'Hautefort. Quand il y a une demi-heure que ces trois hommes font enfemble dans la chambre de Mandeix, Françoife Champagne va les y trouver; Mandeix en fa prefence, & en celle de Gaffelin & de Soutet, ouvre cette caffette, dont il avoit la clef: on voit dans la caffette differens paquets cachetez, on voit Mandeix tirer de cette caffette de vieilles efpeces. Après avoir vû ces opérations, Françoife Champagne qui a paffé avec eux trois quarts d'heure les quitte, parce qu'on l'appelle pour aller & venir.

Il eft vrai qu'elle dit qu'elle n'a point vû ôter aucuns papiers de la caffette; mais c'eft précifement cette circonftance qui prouve la candeur & la fincerité du témoin. Si ce témoin avoit eu pour objet de favorifer l'Appellante, elle n'auroit pas manqué de parler d'une fouftraction de papiers; mais elle ne rend compte que de ce qu'elle a vû en effet: Elle a vû ouvrir la caffette en fa prefence, elle a vû dans cette caffette ouverte plu-fieurs paquets cachetez, elle a vû tirer de cette même caffette de vieilles efpeces, elle explique toutes ces circonftances; elle n'a point vû tirer de papiers de la caffette, elle l'explique avec la même naïveté; un témoin qui parle avec cette franchife, ne peut jamais être fufpect à la Juftice.

Quoique Françoife Champagne n'ait vû ôter aucuns papiers de la caf-fette, la fuppreffion des papiers qu'elle a vûs dans la caffette n'eft pas moins certaine.

Ce témoin nous apprend dans fon recollement, qu'elle ne refta dans la chambre de Mandeix, avec Mandeix, Soutet & Gaffelin, que pendant trois quarts d'heure, *& jufqu'à ce qu'on l'appellaft pour aller & venir:* elle n'eft point en état de rendre compte à la Juftice de ce qui a pu fe paffer dans la même chambre, depuis qu'elle s'en eft retirée.

Mais du moins il eft certain que cette caffette a efté ouverte en fa pre-fence: le fait de l'ouverture de la même caffette eft d'ailleurs conftaté par la dépofition de deux témoins, qui ont efté inftruits de cette circonftance, par l'aveu même de deux des accusez Mandeix & Soutet, aufquels ces deux témoins ont foutenu le fait, lorfqu'ils leur ont efté confrontez.

Il eft également certain qu'au moment de l'ouverture de la caffette, en préfence de Françoife Champagne, il y avoit dans cette caffette plufieurs paquets cachetez; & quoique Françoife Champagne foit le feul de tous les témoins qui rende compte à la Juftice de cette circonftance, fa dépofition, quoiqu'unique, forme une pleine démonftration, parce qu'elle eft foutenue par des preuves litterales écrites de la main du Comte d'Hautefort, & fur la verité defquelles il n'eft plus permis d'équivoquer : preuves qui conftatent clairement que le Comte d'Hautefort avoit mis dans cette caffette fon Contrat de mariage avec l'Appellante, l'Acte de celebration de fon mariage, & fon Teftament fait à Hauterive.

Enfin, ces paquets cachetez que Françoife Champagne a vûs dans la caffette, ont difparu depuis. Il eft bien dit dans le Procès verbal d'appofition des fcellez, que cette caffette garnie de lames d'acier, & qui eftoit dans la chambre de Mandeix, ayant efté ouverte, il s'y eft trouvé de l'or & des papiers : il eft bien dit dans le Procès verbal de levée des fcellez, que des papiers qui eftoient dans cette caffette, ont efté remis avec d'autres papiers, mais on ne defigne point ces papiers trouvez dans la caffette; & fi à l'inftant de l'appofition & de la levée des fcellez, le Commiffaire eût trouvé dans cette caffette des paquets cachetez, il n'auroit pas manqué d'en faire mention dans les Procès verbaux, de faire publiquement l'ouverture de ces paquets cachetez, & de faire une defcription exacte des papiers que les paquets auroient renfermez : il ne faut donc que cette circonftance, pour conftater la fuppreffion dont l'Appellante fe plaint.

Mais dans quel moment a efté faite cette ouverture de la caffette, dont parle Françoife Champagne? Etoit-ce avant l'appofition des fcellez? étoit-ce au moment de cette appofition?

Il eft vrai que Françoife Champagne dit dans fon recollement, *que c'eftoit le jour de la mort du Comte d'Hautefort, après midi, & dans le tems qu'on alloit appofer le fcellé.* Mandeix, Soutet & Gaffelin, aufquels Françoife Champagne a efté confrontée, ont effayé de profiter de cette erreur dans laquelle Françoife Champagne eftoit tombée, pour faire croire que la caffette n'avoit efté ouverte qu'en préfence des Officiers de Juftice, & pour anéantir par cet artifice la preuve qui naiffoit contre eux du recollement de Françoife Champagne : mais malgré leurs efforts, la verité a efté pleinement éclaircie.

Françoife Champagne, confrontée à Mandeix, a foutenu fa dépofition veritable joint fon recollement. Mandeix a denié la dépofition, & dit, *que quand on a fait l'ouverture de la caffette, le Commiffaire Parent & du Lion Notaire eftoient prefens*; le témoin a dit *que le fait n'eft pas veritable.* Il y a en effet de l'abfurdité à fuppofer que ce foit en préfence des Officiers de Juftice, qu'on ait tiré de cette caffette de vieilles efpeces.

Quand elle a efté confrontée à Soutet, il n'a point denié la dépofition; il a feulement dit, *qu'elle ne faifoit point de charge contre lui.*

Elle a efté long-tems après confrontée à Gaffelin : celui-ci a nié la dépofition & le recollement, & dit *qu'il n'eft entré dans la maifon du Comte d'Hautefort que fur les trois heures après midi, avec du Lion Notaire, Soutet, & le Commiffaire Parent; qu'il n'a point mis les pieds dans la maifon hors la préfence des Officiers, & n'y eft point venu avant eux.*

Mais Françoise Champagne l'a confondu fur le champ : *par le témoin a efté dit que le fait n'eft pas vrai, & que c'a efté LE MATIN DU JOUR DE LA MORT, que l'accufé, Mandeix & Soutet ouvrirent la caffette, & qu'on en tira de vieux louis-d'or, de peur qu'ils ne fuffent confifquez ; & qu'elle n'eftoit pas prefente quand on tira le foir de ladite caffette l'argent neceffaire pour la fubfiftance des domeftiques, & les frais de l'enterrement.*

Il n'eft pas extraordinaire que ce témoin rendant compte dans fon récollement d'un fait arrivé près de deux ans auparavant, ait pu d'abord confondre l'après midi avec le matin ; ce n'eft pas là une variation qui puiffe diminuer la force de la charge qui réfulte du récollement de Françoife Champagne contre les accufez.

Le point critique eft de fçavoir fi la caffette, où, felon les preuves écrites de la main du Comte d'Hautefort, ont dû fe trouver les pieces de la fouftraction, defquelles l'Appellante fe plaint, a efté ouverte le jour de fa mort avant l'appofition des fcellez.

Sur ce point capital il ne peut y avoir de doûte, deux témoins dépofent que Mandeix & Soutet leur ont declaré que le jour du decès du Comte d'Hautefort la caffette a efté ouverte, & qu'ils en avoient tiré de vieilles efpeces de peur qu'elles ne fuffent confifquées ; un troifiéme témoin dépofe, *de Vifu*, & dit precifément qu'en fa prefence la caffette a efté ouverte, & qu'elle en a vû tirer ces vieilles efpeces. La confifcation de ces vieilles efpeces n'étoit à craindre qu'au cas qu'elles fe fuffent trouvées dans la caffette lors du tranfport des Officiers de Juftice pour l'appofition des fcellez ; par confequent pour éviter l'inconvenient de cette confifcation, il faut neceffairement qu'on les ait tirés, non pas lors du tranfport de ces Officiers, mais avant ce tranfport : Si par erreur il eft échappé au témoin qui rend compte à la Juftice de ce qui s'eft paffé fous fes yeux, de dire que *c'étoit l'après midi & dans le tems qu'on alloit appofer le fcellé*, il a efté permis à ce même témoin lors de la confrontation, de fe rappeller plus exactement les circonftances, & de fixer le tems auquel on a oûvert la caffette, & on en a tiré les vieilles efpeces qui y étoient, & cet éclairciffement bien loin de déranger la certitude du fait que la caffette a efté ouverte avant l'appofition des fcellez, ne fait que mettre la verité dans un plus grand jour.

Et ce qui diffipe a cet égard tous les doutes, c'eft ce que dit Mandeix lui-même dans fon interrogatoire, art. 48. il dit, *que quand il retourna chez le Comte d'Hautefort, la premiere perfonne qu'il y trouva fut la nommée Fanchon Champagne fervante, qui autant qu'il peut fe fouvenir, lui ouvrit la porte ; que dans l'inftant de la mort du Comte d'Hautefort il fut chez le Sieur Rivier, rue du gros Chenêt, demander fon caroffe à emprunter pour porter le corps du défunt de chez Martinon en fon Hôtel rue de Varenne ; que le Sieur Rivier à qui il parla fit venir fon Cocher, & lui ordonna de faire ce que le répondant lui diroit ; qu'alors il pouvoit être midi ; que delà il fut à l'Hôtel rue de Varenne, dit à Françoife Champagne de ne point fortir, & de tenir les portes fermées & avoir foin de la maifon ; qu'il reffortit & fut manger un morceau au Roy de Siam chez Loger* (3), *après quoi il revint chez Martinon où il refta jufqu'à la nuit que le Cocher du Sieur Rivier, fuivant l'ordre qu'il lui en avoit donné, l'y vint joindre ; que pendant qu'il étoit encore chez Martinon, Soutet vint lui demander les clefs qu'il avoit, difant que le Commiffaire étoit dans la rue de Varenne qui mettoit le fcellé ; que lui répondant refufa les clefs audit Soutet ; mais après avoir donné*

(3) Loger eft un Marchand de Vin qui demeure rue du Bacq, au coin de la rue de Varenne, à l'enfeigne du Roi de Siam.

donné ordre à Gentil & à Bourguignon qui étoient restez auprès du défunt de remettre son corps dans le carosse du Sieur Rivier lorsqu'il seroit arrivé, lui répondant s'en retourna avec Soutet rue de Varenne, où il trouva le scellé plus d'à moitié mis.

On aura dans un moment occasion de développer quelques mensonges qui se trouvent mêlez dans ce discours ; mais malgré ces mensonges, il est du moins certain par l'aveu de Mandeix, que depuis qu'il eut mangé un morceau avec Loger, il alla chez Martinon où il resta jusqu'à la nuit ; qu'il étoit chez Martinon, rue Culture sainte Catherine, lorsqu'arriva le Commissaire Parent pour apposer les scellez dans la maison du Comte d'Hautefort, rue de Varenne Fauxbourg S. Germain ; que Soutet alla le trouver chez Martinon pour lui demander les clefs dont le Commissaire avoit besoin ; que Mandeix n'ayant pas voulu confier les clefs à Soutet, quitta la maison de Martinon, vint avec Soutet dans la maison du Comte d'Hautefort, apporta les clefs, & que quand il y arriva le scellé étoit plus d'à moitié mis ; donc il est physiquement impossible que l'ouverture qui a esté faite de la cassette par Mandeix, en présence de Soutet, de Gasselin & de Françoise Champagne, ait esté faite l'après midi & à l'instant de l'apposition des scellez ; puisqu'alors Mandeix n'étoit point dans la maison du Comte d'Hautefort ; donc cette ouverture de la cassette dont parle Françoise Champagne, lors de laquelle elle a apperçu les paquets cachetez qui y étoient, a esté faite le matin, & avant l'apposition des scellez.

Les récollemens de Bourguignon, de Gentil & de Françoise Champagne ne sont pas les seules preuves qui assurent la verité du fait, que le jour de la mort du Comte d'Hautefort, & avant l'apposition des scellez, les émissaires du Marquis d'Hautefort ont fouillé dans les papiers du Comte d'Hautefort. Antoine Soutet, l'un des accusez, qui est le premier des témoins que l'Appellante a fait entendre, nous apprend dans sa déposition une circonstance qui concourt à la demonstration de la même verité.

Ce témoin si devoué au Marquis d'Hautefort, qui débute dans sa déposition par dire, *que tout le contenu en la plainte de l'Appellante est faux & supposé : qu'il est surprenant que l'Appellante prétende être veuve du Comte d'Hautefort, parce qu'il est certain qu'il n'a jamais esté marié, ni même eu volonté de l'être, ainsi qu'il l'a dit nombre de fois au déposant ; qu'il a une parfaite connoissance qu'il n'a point fait de testament à Hauterive, & qu'il n'y a eu aucuns papiers détournez après son decès :* ajoûte après ce tissu de mensonges confondus par des preuves écrites de la main même du Comte d'Hautefort ; *que le jour de l'apposition du scellé, lui déposant, indiqua au Commissaire Parent que le Testament du Comte d'Hautefort étoit dans un Bureau où il fut effectivement trouvé avec son enveloppe, mais decacheté par un des côtez.* Et en effet, par le Procès verbal d'apposition des scellez, on voit que ce fut sur l'indication de Soutet que le Commissaire chercha & trouva le Testament dans le premier tiroir du Bureau qui avoit esté indiqué par Soutet.

A la verité, la circonstance ajoûtée dans la déposition de Soutet, *que ce Testament fut effectivement trouvé avec son enveloppe, mais decacheté par l'un des côtez,* est un mensonge ; le procès verbal d'apposition des scellez fait foi, que le testament se trouva épars dans le tiroir du bureau, & qu'à l'égard de l'enveloppe qui fut trouvée dans le même tiroir, sur laquelle étoit écrit, *projet à ouvrir que quand je l'ordonnerai,* elle ne pouvoit pas avoir de rapport à ce

Teſtament. Mais toûjours eſt-il certain, & par la dépoſition de Soutet & par le procès verbal d'appoſition des ſcellez, que ce fut ſur la ſeule indication de Soutet que ce teſtament fut cherché & trouvé au premier moment. Comment Soutet auroit-il ſçu ſi exactement l'endroit où étoit le Teſtament du Comte d'Hautefort, & auroit-il été en état de l'indiquer ſi préciſément au Commiſſaire à l'inſtant de l'appoſition des ſcellez, s'il n'avoit pas fouillé auparavant dans les papiers du Comte d'Hautefort. Auſſi c'eſt ſur cette dépoſition de Soutet qu'il a été décreté d'ajournement perſonnel.

Quand on a interrogé les accuſez ſur cette circonſtance, ils ont eſté fort embarraſſez.

On a demandé à Gaſſelin dans l'article 19. de ſon interrogatoire, s'il ne ſçait pas que Mandeix & Soutet ont fouillé dans les papiers du Comte d'Hautefort en ſon hôtel rue de Varenne ; incontinent après ſa mort, & dans la matinée du 7 Février 1727, ſi lui répondant n'y a pas fouillé avec eux, & ſi Mandeix ne fit pas l'ouverture des tiroirs, des armoires & commodes du Comte d'Hautefort ſon maître, avec les clefs qu'il avoit, il répond réſolument à cette queſtion que non, & que tout cela eſt faux ; mais il ſe trouve bientôt déconcerté.

On lui remontre que cela eſt ſi vrai, que ce fut Soutet, qui en préſence de lui répondant & de Mandeix, indiqua au Commiſſaire Parent le tiroir où étoit un teſtament du Comte d'Hautefort, ce que Soutet n'auroit pas pu faire s'il n'avoit pas auparavant examiné les papiers qui étoient dans le tiroir. Il faut convenir que la queſtion étoit un peu preſſante ; auſſi Gaſſelin s'en tira-t'il fort mal.

A dit QU'IL NE SÇAVOIT QUELLE REPONSE FAIRE A CELA, & ne ſe ſouvient pas ſi ce fut Soutet ou non qui indiqua au Commiſſaire le tiroir où étoit le teſtament du Comte d'Hautefort, & que ſi Soutet le ſçavoit, c'eſt à lui de dire comme il l'a ſçu.

Pour Soutet, il n'eſt pas reſté court, mais la fable qu'il a imaginée ſur le champ ne le tirera pas d'affaire.

On lui demande article 31. pourquoi, puiſqu'il prétend n'avoir point fouillé dans les papiers du Comte d'Hautefort, ç'a été lui répondant qui a indiqué au Commiſſaire Parent le tiroir où étoit ledit teſtament, ainſi qu'il en eſt convenu par la dépoſition qu'il a faite devant le Commiſſaire Regnard de Luſſaing, ce qu'il n'auroit pas pu faire s'il n'avoit pas vû précédemment ledit teſtament dans ledit tiroir.

Il répond, qu'environ trois ſemaines ou un mois avant le décès du Comte d'Hautefort, il fit appeller lui répondant ſur les neuf heures du ſoir ; qu'il monta dans ſa chambre & trouva M. d'Hautefort liſant auprès de ſon feu ; que M. d'Hautefort lui dit qu'il reliſoit ſon teſtament, & enſuite le poſa ſur une table qu'il avoit devant lui ; qu'alors M. d'Hautefort ſe mit à cauſer avec lui, juſques ſur les dix heures du ſoir, & remarqua qu'il prit le papier qu'il avoit dit être ſon teſtament, & le mit dans un tiroir de ſa commode qui étoit ouvert, & qu'il referma ; que ç'a été ſur cette connoiſſance qu'il a indiqué au Commiſſaire Parent l'endroit en queſtion, pour être celui où il pourroit trouver le teſtament du défunt, mais denie de l'avoir ouvert ni de l'avoir jamais lû que depuis l'appoſition du ſcellé.

Il n'y a perſonne qui ne démêle aiſément l'artifice de cette réponſe. Quelle apparence y a-t'il que le Comte d'Hautefort, environ un mois avant ſa mort, occupé à relire auprès de ſon feu un teſtament holographe, ſe ſoit aviſé dans ce moment de faire appeller Soutet, pour cauſer avec lui, & lui ait dit que le papier qu'il reliſoit étoit ſon teſtament ? D'ailleurs pourquoi Soutet ne s'eſt-il rappellé une circonſtance ſi frappante qu'au moment de l'inter-

rogatoire qu'il a fubi le 21. Juillet 1729? Comment ne s'en eft-il pas reffou-
venu dans le tems de l'appofition des fcellez, le fait étoit alors recent? Comment lui eft-elle échappée dans la depofition qu'il a faite le 7 Février 1728?
Jamais Soutet ni les autres accufez n'échaperont à l'évidence des faits con-
ftatez au procès. Soutet & Mandeix ont dit eux mêmes à Bourguignon *qu'ils
avoient tiré de la caffette de vieux Louis, appréhendant que fi on les trouvoit* LORS
DES SCELLEZ, *il ne fuffent confifquez.* Cela eft prouvé par le récollement de
Bourguignon. Mandeix a dit la même chofe à Saguier, cela eft prouvé par
le récolement de Saguier, & Françoife Champagne dans fon récollement a
dépofé *de vifu*, de l'ouverture qui a efté faite en fa préfence de la Caffette
par Mandeix, Soutet & Gaffelin, *& qu'elle a vû que Mandeix a tiré de la
caffette plufieurs Louis d'or vieux.* Voilà donc ces trois perfonnages juridiquement convaincus d'avoir fouillé dans la caffette, & d'en avoir tiré de vieilles
efpeces, & cela avant l'appofition des fcellez, puifqu'ils n'ont tiré ces vieux
Louis d'or, que parce qu'ils *appréhendoient que fi on les trouvoit lors des fcellez
ils ne fuffent confifquez.* Et quand il eft clairement conftaté au procès, que d'un
côté Soutet eft un de ceux qui ont fouillé dans la caffette, & en ont tiré
les vieilles efpeces avant l'appofition des fcellez, & que d'un autre côté c'eft
Soutet, qui au moment de l'appofition des fcellez a indiqué précifément au
Commiffaire le bureau où étoit le teftament du Comte d'Hautefort par lequel le Marquis d'Hautefort eft inftitué legataire univerfel, il n'eft pas difficile de deviner d'où procedoit cette connoiffance fi exacte, que Soutet avoit
du lieu où ce teftament réfidoit, & où il s'eft en effet trouvé.

Qu'on rapproche toutes ces preuves de celles qui réfultent du paquet cacheté apporté au Greffe de la Cour par le Curé de Saint Jean le 17 Janvier
1729, dont l'ouverture a été faite par un Commiffaire de la Cour, la verité
va s'éclaircir de plus en plus.

Dans ce paquet, comme on l'a déja obfervé, fe font trouvez deux fragmens de papiers fort chiffonez & tachez, qui rapprochez, font partie l'un
de l'autre, & contiennent fix lignes, foit entieres, foit commencées écrites
de la main du Comte d'Hautefort, il ne peut plus y avoir de doute fur ce
point, éclairci par le fuffrage unanime des cinq Experts nommez d'office par
le Lieutenant Criminel, qui ont procedé pendant vingt-huit vacations à la
verification des differentes pieces du procès fur le teftament holographe
dont on vient de parler, par lequel le Marquis d'Hautefort eft inftitué legataire univerfel, & fur un partage des biens de la maifon d'Hautefort dans lequel il y a trente-trois differentes fignatures du feu Comte d'Hautefort, ces
cinq Experts ont efté entendus par forme de dépofition, ils ont efté récollez
& confrontez aux accufez. Voici ce que contiennent les lignes écrites de la
main du Comte d'Hautefort, fur ces fragmens de papier.

De Saint Quentin Avranche coi
mon contrat de mar
mon teftamnt du 24. Septembre, le fertif
de mon mariage avec elle pour le
tout être envoyé bien fidellement au
Château de Saint Quentin à Avranches

A l'afpect de cette piece on ne peut pas douter que le Comte d'Hautefort n'ait pris la précaution de raffembler dans un paquet les differentes pieces

qui intereſſoient l'Appellante, & qu'il lui avoit ſi clairement annoncé avoir en ſa poſſeſſion & dans ſa caſſette, d'écrire de ſa main ſur l'enveloppe l'énumeration des pieces que le paquet renfermoit, & l'uſage qu'il vouloit que l'on en fît, *pour être envoyées bien fidelement au Château de Saint Quentin* (4) *à Avranches*, on ne peut pas douter que ces fragmens de papier ne ſoient les reſtes de l'enveloppe de ce paquet, & que ce paquet n'ait eſté un de ces paquets cachetez qui ont eſté vûs par Françoiſe Champagne dans la caſſette du Comte d'Hautefort, lorſqu'elle a eſté ouverte dans la chambre de Mandeix en ſa préſence; la réunion de tous ces faits raſſemblez ſous un même point de vûe, forme une démonſtration dont il eſt impoſſible de ſe défendre.

Ces deux fragmens de papier que renfermoit le paquet apporté par le Curé de Saint Jean, étoient accompagnez d'une révelation anonime dont l'auteur n'a pas jugé à propos de ſe manifeſter, & que vrai-ſemblablement le Marquis d'Hautefort a ſçu depuis mettre dans ſes interêts.

Quoiqu'un écrit anonime n'adminiſtre point une preuve juridique, cependant quand il eſt rapproché des preuves qui exiſtent au procès, il ne laiſſe pas de faire naître des impreſſions peu favorables au Marquis d'Hautefort; cet écrit porte que ſon auteur, *étant allé chez Martinon pour lui parler les premiers jours de Fevrier 1727, & n'ayant trouvé perſonne dans le bas de la maiſon, il étoit monté juſqu'à la premiere ſalle, où étant entré avec un ami, il avoit trouvé le Marquis d'Hautefort qui liſoit des papiers; que s'étant retiré par reſpect, & étant ſorti il avoit vû auſſi-tôt deſcendre le Marquis d'Hautefort, ce qui avoit engagé le révelant à remonter dans la même ſalle, où étant auprès du feu avec ſon ami, il avoit vû du papier dans le coin de la cheminée; qu'il en avoit ramaſſé deux ou trois morceaux preſque brûlez qu'il a eu ces morceaux de papiers très-long tems ſans avoir ſçu ce qu'il en avoit fait; qu'en ayant parlé il y a plus de ſix mois, une perſonne l'avoit engagé à les chercher; qu'il les avoit retrouvez bouchant un flacon, & que ſon Confeſſeur l'avoit obligé de le dépoſer, ſa conſcience y étant engagée, ſans néanmoins vouloir ſe nommer par la frayeur d'être aſſaſſiné.*

Le Marquis d'Hautefort a beau dire que cet écrit anonime eſt l'ouvrage de l'intrigue & de l'artifice de l'Appellante, & fonder ſur cette ſuppoſition une déclamation injurieuſe; dès que cet écrit ſe trouve joint dans le même paquet à un papier qui porte l'exterieur d'un papier brûlé, & dont ce qui reſte décrit ſe trouve être l'ouvrage de la main du Comte d'Hautefort, cette circonſtance bien averée par les dépoſitions unanimes des cinq Experts nommez d'office, bannit abſolument tous les ſoupçons de fraude & d'artifice que le Marquis d'Hautefort voudroit faire tomber ſur l'Appellante. Et ſi l'auteur de la révelation n'a oſé ſe montrer à découvert, parce qu'il a craint de ſe compromettre avec le Marquis d'Hautefort, qui paroît en effet dans cette affaire, s'être porté aux plus étranges extrémitez, pour empêcher la découverte de la vérité, l'incertitude qui reſte ſur l'auteur de la révelation, ne diminue en rien la force de la preuve qu'adminiſtrent les fragmens écrits de la main du Comte d'Hautefort, qui ſe ſont trouvez dans le même paquet avec cette révelation anonime.

Les accuſez ont-bien ſenti que le fait de l'ouverture de la caſſette avant l'appoſition des ſcellez eſtoit accablant, & que ce fait réuni avec celui qui reſulte des preuves écrites, où le Comte d'Hautefort annonce ſi clairement que les titres de la ſouſtraction deſquels l'Appellante ſe plaint. eſtoient

dans

---

(4) S. Quentin eſt une terre ſiſe à une lieuë d'Avranches, qui appartient au Comte de S. Quentin, Capitaine des vaiſſeaux du Roi, que la mere de l'Appellante a épouſé en ſecondes nôces, & c'eſt dans ce Château que demeure l'Appellante avec la Dame de S. Quentin ſa mere, & le Comte de S. Quentin ſon beau-pere.

dans cette caſſette, formoit la démonſtration complette de la ſouſtraction; dans laquelle conſiſte le delit déferé à la Juſtice par l'Appellante; c'eſt pour cela que dans leurs interrogatoires, ces accuſez ont fait tant d'efforts pour perſuader que le jour de la mort du Comte d'Hautefort, ils n'ont mis le pied dans ſa maiſon qu'au moment du tranſport des Officiers de Juſtice. Mais en ce point ils ſe trouvent pleinement convaincus de menſonge, & ces contradictions où ils ſont tombez ne ſervent qu'à rendre plus ſenſible la verité qu'ils ſe ſont efforcez de cacher.

On demande à Soutet, dans l'article 25 de ſon interrogatoire, à quelle occaſion, depuis qu'il a ſçû le matin la mort du Comte d'Hautefort juſqu'à cinq heures après midi, il a eſté deux fois dans la maiſon du Comte d'Hautefort; il répond *qu'il ne ſe ſouvient point d'avoir eſté deux fois, ce jour-là, chez le Comte d'Hautefort; mais qu'il ſe ſouvient d'y avoir eſté une fois avec le Commiſſaire, & d'y être revenu rapporter les clefs avec Mandeix.*

Sur ce que le Jugé lui remontre qu'il eſt convenu avoir parlé une premiere fois avec Françoiſe Champagne, qu'ainſi il y eſt venu au moins une fois, avant que d'y venir avec le Commiſſaire: il répond *qu'il n'eſtoit point monté dans les appartemens; qu'il n'eſt pas même certain qu'il ſoit entré dans la maiſon;* & dans le dernier interrogatoire qu'il a ſubi avant le jugement, il dit *qu'il eſt vrai que le matin, ſur les onze heures du jour de la mort du Comte d'Hautefort, autant qu'il peut s'en ſouvenir, il paſſa,* SANS ENTRER DANS LA MAISON, *au-devant de la porte du Comte d'Hautefort, & dit à la ſervante de prendre garde que perſonne n'entrât dans la maiſon, & qu'il alloit chercher le Commiſſaire pour faire appoſer le ſcellé.* A ces tergiverſations on reconnoît l'embarras d'un accuſé, qui craint d'être convaincu de la ſouſtraction qu'on lui impute, s'il avoue une fois qu'il ſoit entré dans la maiſon avant le tranſport des Officiers de Juſtice.

Mandeix qui, dans ſon premier interrogatoire, s'eſtoit attaché particulierement à ſoutenir, qu'avant l'appoſition des ſcellez il n'avoit fait qu'une eſpece d'apparition dans la maiſon, pour donner quelques ordres à Françoiſe Champagne, & cela vers l'heure de midi, & qu'auſſi-tôt après il eſtoit ſorti pour aller boire un coup chez Loger, ſe trouve auſſi ſur cet article convaincu de menſonge, ſoit par la dépoſition de Loger même, qui nous apprend que le jour de la mort du Comte d'Hautefort, il a vû Mandeix dans la maiſon du Comte d'Hautefort vers les dix heures du matin, & qu'il y mangea avec lui; ſoit par un aveu important que la force de la verité a arraché à Mandeix dans ſon dernier interrogatoire, où il a reconnu que ce jour-là *il changea de linge dans ſa chambre.* Un accuſé qui a la verité pour lui, ne tombe point dans ces ſortes de contradictions.

S'il demeure une fois pour conſtant que depuis la mort du Comte d'Hautefort, & avant l'appoſition des ſcellez, on a fouillé dans la caſſette du Comte d'Hautefort; ce fait rapproché d'un autre, que ni dans les Procès verbaux d'appoſition & de levée des ſcellez, ni dans l'inventaire fait après la mort du Comte d'Hautefort, il n'eſt parlé ni des paquets cachetez que Françoiſe Champagne a vûs dans la caſſette du Comte d'Hautefort le matin du jour de ſa mort, ni des papiers que le Comte d'Hautefort a declaré ſi clairement par ſes Lettres & par ſon memoire du 15 Decembre 1726, avoir mis dans la caſſette, & qui ſe trouvent exactement ſpecifiez dans les fragmens de l'en-

E

veloppe écrits de la main du Comte d'Hautefort, il résulte de la réunion de ces deux faits la preuve évidente du crime, qui fait le principal objet de l'accusation.

Mais ce qui acheve cette démonstration, c'est que depuis qu'on a fouillé dans cette cassette, celui qui y a fouillé est convaincu par son propre aveu, d'avoir remis au Marquis d'Hautefort des papiers qui n'ont jamais paru sous les yeux des Officiers de Justice, & que le Marquis d'Hautefort, peu d'accord avec Mandeix sur la qualité des papiers qu'il avoue avoir reçus de lui, a reconnu dans son interrogatoire avoir disposé de ces papiers, & même en avoir brûlé la plus grande partie. Jamais le Marquis d'Hautefort ne parviendra à détruire les conséquences qui résultent contre lui de l'éclaircissement de ces faits.

On supplie ici la Cour de se rappeller, que par la déposition de Bourguignon, l'un des laquais du Comte d'Hautefort, & qui estoit auprès de lui au moment de sa mort, il est prouvé que la veille du decès du Comte d'Hautefort, on reçût par la poste trois lettres qui lui estoient adressées, dont il y en avoit une écrite par l'Appellante, que le Comte d'Hautefort fit mettre à part, & ordonna à Bourguignon de garder la lettre écrite par l'Appellante, pour qu'il la pût lire en particulier quand il se porteroit mieux, & qu'il fit ouvrir & se fit lire les deux autres; que le Comte d'Hautefort étant mort le lendemain, Bourguignon remit à Mandeix la lettre de l'Appellante cachetée & non ouverte.

Dans l'article 69 de l'interrogatoire de Mandeix, on lui demande *ce qu'il a fait des papiers qui lui furent remis par Bourguignon à l'instant de la mort du Comte d'Hautefort*, il répond qu'il les a remis au Marquis d'Hautefort.

Article 70, on lui demande en quoi consistoient ces papiers, & s'il n'y avoit pas des lettres de l'Appellante : il répond *que ces papiers consistoient en differentes lettres, qu'il n'en sçait pas le nombre, mais qu'il y en avoit bien trente ou quarante, & peut-être plus, sans pouvoir le dire, ne les ayant pû compter, la plûpart d'Officiers de Marine; qu'il ne sçait pas s'il y en avoit quelques-unes de la Demoiselle de Kerbabu, dont il ne connoît pas l'écriture, & qu'il n'a jamais sçû être femme du Comte d'Hautefort.*

Article 71, on lui demande s'il n'y avoit pas entr'autres lettres, une lettre non ouverte & cachetée, écrite par l'Appellante au Comte d'Hautefort, qui l'avoit reçûe pendant sa maladie, & avoit surcis à la lire jusqu'à ce qu'il fût mieux. Mandeix répond *qu'il n'a point vû de lettre après le decès du Comte d'Hautefort* QUI NE FUST DE CACHETE'E, *que cependant cela peut-être; mais que comme Bourguignon les lui remit toutes en un paquet roulé qu'il n'a pas défait, il n'y fit pas d'attention, qu'il a gardé ledit paquet deux jours ou environ & l'a remis ensuite au Marquis d'Hautefort, ainsi qu'il l'a dit.*

Article 72, on lui demande ce que le Marquis d'Hautefort a fait de ces lettres, & s'il ne les a pas lûes, *a dit qu'il n'en sçait rien.*

Article 86 : *enquis d'office si on n'a point remis au Marquis d'Hautefort quelques papiers qui n'ayent point esté inventoriez, interpellé de déclarer en quoi ils consistoient & pourquoi il n'a pas fait mettre sous les scellez le rouleau de lettres trouvé chez Martineau à l'instant de la mort du Comte d'Hautefort.* La réponse est tout-à-fait singuliere : *a dit qu'il ne songea point à remettre lesdites lettres au Commissaire Parent, lors de l'apposition des scellez; ne sçachant point les affaires,*

& qu'il n'a point vû pendant l'Inventaire qu'on ait remis aucuns papiers au Mar-
quis d'Hautefort sans avoir esté inventorié.

De toutes ces differentes réponses il résulte bien clairement que Mandeix,
convaincu par les preuves du Procès d'avoir fouillé dans la cassette du Comte
d'Hautefort le jour de sa mort avant l'apposition des scellez, a, quelques
jours après la mort du Comte d'Hautefort, remis au marquis d'Hautefort
son neveu, un rouleau de papiers ; & que Mandeix *ne sçachant point les affai-*
res, ne songea pas à remettre ces papiers au Commissaire qui apposoit le scellé.

Mandeix, à la verité, prétend que ce rouleau de papiers lui avoit esté
remis auparavant par Bourguignon, mais c'est une imposture démentie par
la déposition de Bourguignon. Voici ce que dit ce témoin dans sa déposition, qu'il a soutenue au recollement & à la confrontation : *que la veille du*
decès de M. d'Hautefort, il vint pour lui trois lettres, dont une estoit de Mademoi-
selle de Kerbabu ; qu'il dit au déposant de garder soigneusement celle de Mademoi-
selle de Kerbabu, & qu'il la liroit lui-même quand il se porteroit mieux ; que le
déposant décacheta & lui lût les deux autres ; qu'aussi-tôt son decès, le déposant
remit entre les mains de Mandeix la lettre de Mademoiselle de Kerbabu toute cache-
tée. Ce n'est donc point un rouleau de papiers que Bourguignon remit à
Mandeix au moment de la mort du Comte d'Hautefort, c'est une seule
lettre cachetée & non ouverte, écrite au Comte d'Hautefort par l'Appellante, & reçue la veille de la mort du Comte d'Hautefort : donc, ce rouleau de papiers que Mandeix reconnoît dans son interrogatoire avoir remis
au Marquis d'Hautefort quelques jours après la mort du Comte d'Hautefort son oncle, ne procedant point de Bourguignon, comme Mandeix le
suppose, estoit necessairement composé des papiers qui estoient dans la
cassette du Comte d'Hautefort au jour de sa mort, qui estoient renfermez
dans quelqu'un des paquets cachetez que Françoise Champagne a vûs dans
cette cassette, lorsqu'en sa presence Mandeix l'a ouverte le matin du jour
de la mort du Comte d'Hautefort, & qui ont entierement disparu depuis.

Mais l'interrogatoire du Marquis d'Hautefort va fournir de nouveaux
éclaircissemens.

On lui demande article 22, *ce que sont devenus les papiers & lettres que le*
Comte d'Hautefort avoit chez Martinon au moment qu'il y mourut.

A dit qu'il n'avoit point de connoissance que feu M. le Comte d'Hautefort eust
aucuns papiers chez Martinon.

Article 23, on lui demande *si Mandeix n'avoit pas, au moment du decès*
du Comte d'Hautefort plusieurs lettres entre les mains, & notamment une lettre
non ouverte, lesquelles lettres ledit Mandeix ait remises entre les mains de lui
répondant.

Rien n'est plus étonnant que la réponse du Marquis d'Hautefort, *a dit*
quil est vrai que Mandeix lui remit trois ou quatre jours après la mort du Comte
d'Hautefort UNE PRODIGIEUSE QUANTITÉ DE LETTRES CACHETE'ES, QU'IL Y
EN AVOIT DE QUOI REMPLIR AU MOINS UN BOISSEAU ; *que M. de Maurepas*
avoit prié lui répondant de les ouvrir toutes pour voir s'il n'y avoit rien qui pût être
important au service du Roi à cause du commandement des vaisseaux dont le défunt
estoit chargé ; que suivant cette priere il fit lecture de toutes les lettres qui lui paru-
rent de quelque importance, ET JETTA AU FEU DANS SON CABINET A L'HÔTEL
DE POMPADOUR TOUTES CELLES DE FEMMES OU DE GENS INDIFFERENS SANS

LES LIRE, *parce que s'il s'y étoit arrefté il en auroit eu pour huit jours de lecture.*

Quelques reflexions fur cette réponfe.

1°. Le Marquis d'Hautefort commence par déclarer *qu'il n'a point de connoiffance que le Comte d'Hautefort eut aucuns papiers chez Martinon.* Il n'a donc point regardé les papiers qu'il tient de Mandeix, comme des papiers qui fe foient raffemblez pendant le féjour du Comte d'Hautefort chez Martinon ; il les a par confequent regardez comme des papiers qui auroient dû fe trouver dans la maifon du Comte d'Hautefort ; mais ces papiers trouvez dans la maifon du Comte d'Hautefort, & raffemblez hors la prefence des Officiers de Juftice, ne pouvoient être que des papiers fouftraits frauduleufement par Mandeix.

2°. Il eft inconcevable que fur un fait qui s'eft paffé entre le Marquis d'Hautefort & Mandeix fon domeftique, le Maître & le Domeftique ayent parlé un langage fi different. Le Marquis d'Hautefort dit, *Mandeix m'a remis une prodigieufe quantité de lettres* CACHETE'ES, *il y en avoit de quoi remplir un boiffeau.* Mandeix de fon côté dit, *qu'il y avoit trente ou quarante lettres & peut-être plus* ; cela ne quadre pas avec *une prodigieufe quantité* de lettres *de quoi remplir un boiffeau* ; mais il ajoûte, *qu'il n'a point vû de lettres après le decès du Comte d'Hautefort* QUI NE FUT DECACHETE'E. Comment concilier une telle contradiction, qui eft la preuve la plus convaincante du menfonge, & de l'embarras où fe font trouvez ces deux accufez, pour dépaïfer une verité qui les accabloit.

3°. Le Marquis d'Hautefort dit qu'il a efté prié par M. de Maurepas d'ouvrir & d'examiner les paquets cachetez qui étoient adreffez au Comte d'Hautefort, pour voir s'il n'y avoit rien qui pût intereffer le fervice du Roi ; que fuivant cette priere, il fit lecture de toutes les lettres qui lui parurent de quelque importance, *& jetta au feu dans fon cabinet à l'Hôtel de Pompadour toutes celles de femmes ou de gens indifferens fans les lire, parce que s'il s'y étoit arrêté, il en auroit eu pour huit jours de lecture.* Mais comment le Marquis d'Hautefort a-t'il pu juger de l'inutilité des pieces qu'il a jettées au feu, puifqu'il avoue ne les avoir point lûes?

4°. Cet aveu du Marquis d'Hautefort merite une attention infinie. Les papiers qu'il a brulez lui ont efté remis par Mandeix, d'où Mandeix les tenoit-il? Mandeix a voulu faire croire qu'il les tenoit de Bourguignon, mais il eft bien prouvé que Bourguignon ne lui a point remis un rouleau de papiers, il ne lui a remis *qu'une feule lettre cachetée écrite au Comte d'Hautefort par l'Appellante.* Si Mandeix ne tient point ces papiers de Bourguignon, il les tient neceffairement d'ailleurs. Quel eft ce Mandeix? un ancien Domeftique du Comte d'Hautefort, nanti de la clef d'une caffette fermant à fecret, appartenante au Comte d'Hautefort fon Maître, où il ferroit fes papiers les plus prétieux. Une foule de preuves écrites émanées du Comte d'Hautefort & fur la verité defquelles il n'eft plus poffible de faire naître le moindre doute, conftatent que dans cette caffette étoient les actes juftificatifs du mariage de l'Appellante avec le Comte d'Hautefort, & un teftament holographe que le Comte d'Hautefort avoit fait en faveur de l'Appellante. Ces preuves font deux lettres écrites & fignées de la main du Comte d'Hautefort, une quittance de dot entierement écrite & fignée de fa main, un memoire auffi écrit & figné de fa main ; enfin des fragmens d'une enveloppe où l'on trouve

des

des veftiges écrits de la main du Comte d'Hautefort, qui annoncent clairement que les pieces contenues dans le paquet que renfermoit cette enveloppe
étoient *un contrat de mariage, un certificat de mariage du Comte d'Hautefort avec l'Ap-
pelante, un Teftament du 24 Septembre*, & que la deftination de ces pieces fi importantes étoit *d'être envoyées bien fidelement au château de S. Quentin à Avranches.*
Quand on rapproche ces preuves litterales des preuves vocales que l'inftruction
a fournies, on découvre que depuis la mort du Comte d'Hautefort & avant
l'appofition des fcellez, le Domeftique qui avoit en fa poffeffion la clef de la
caffette, où le Comte d'Hautefort a declaré par les preuves écrites qu'il confervoit les titres qui intereffoient l'Appellante, a fouillé dans cette caffette,
& que ce même Domeftique qui a fouillé dans cette caffette, a remis au
Marquis d'Hautefort, qui l'a pris à fon fervice, une quantité confiderable de
papiers qui n'ont jamais paru fous les yeux des Officiers de Juftice, dans une
fucceffion fur les effets de laquelle il a efté appofé un fcellé fuivi d'un inventaire. Le Marquis d'Hautefort exagere lui-même la quantité prodigieufe
de ces papiers qu'il a reçus de celui que les preuves convainquent d'avoir
fouillé dans la caffette. Et quel ufage le Marquis d'Hautefort a-t'il fait de ces
papiers ? il avoüe ingenuëment qu'il en a brulé la plus grande partie. Il n'y
a perfonne qui puiffe fe refufer à une lumiere qui frappe fi vivement de toutes parts.

Mais on peut regarder comme une nouvelle piece de conviction contre
le Marquis d'Hautefort, une lettre qu'il a écrite lui-même à l'Appellante,
voici à quelle occafion.

Lorfque les nouvelles publiques apprirent à l'Appellante la mort du Comte
d'Hautefort, arrivée à Paris le 7 Fevrier 1727, precifément dans le tems
où il fe difpofoit à déclarer fon mariage, on juge aifément de l'embarras
où elle dût fe trouver.

Les lettres du Comte d'Hautefort que l'Appellante avoit en fa poffeffion,
& dont on a fi fouvent rappellé les termes, ne lui permettoient pas d'igno-
rer qu'on avoit dû trouver à Paris dans la caffette du Comte d'Hautefort,
les titres juftificatifs de fon état, & le Teftament holographe qui la gratifioit. Mais d'un côté le feul filence des heritiers de fon mari lui annonçoit
les mauvaifes difpofitions où ils étoient à fon égard, & d'un autre côté,
n'ayant point à la main l'acte de celebration de fon mariage, qu'elle n'a re-
couvré qu'au mois de Septembre 1727, il lui étoit bien difficile d'obliger
fes ennemis à la reconnoître pour ce qu'elle étoit.

Pendant que l'Appellante étoit dans cette perplexité, elle & fa mere, guidées
par de mauvais confeils, écrivirent dans le cours des mois de Mars, d'Avril &
de May 1727, differentes lettres que le Marquis d'Hautefort a fait imprimer, &
dont il a prétendu tirer tant d'avantage, en ce qu'il n'y eft parlé du mariage de
l'Appellante avec le Comte d'Hautefort, que comme d'un mariage projetté,
& non pas comme d'un mariage réellement celebré, & de la maniere que ces
lettres font conçues, il femble que l'objet de celles qui les ont écrites, n'ait
efté que d'engager les heritiers du Comte d'Hautefort à executer les difpofitions que le teftament du défunt portoit en faveur de l'Appellante. Par
l'évenement tout le fracas que le Marquis d'Hautefort a fait au fujet de ces
lettres n'a abouti à rien. Quelques nuages que ces lettres fi extraordinaires,
& qu'on ne prétend pas juftifier, ayent fait naître dans les efprits, il a toûjours

F

fallu en revenir à la verité. L'on a beau s'épuiser en réflexions fur ces lettres, elles n'effaceront jamais l'acte de celebration du mariage de l'Appellante, conservé dans un dépôt public, figné d'elle & du feu Comte d'Hautefort, dont le corps est entierement écrit de la main du Curé qui leur a administré la Benediction nuptiale, & qui est mort quatre mois avant le Comte d'Hautefort, elles ne détruiront point les lettres du Comte d'Hautefort, où la verité de ce même mariage est si clairement développée.

Quoi qu'il en soit, à ces differentes lettres que l'Appellante & sa mere écrivirent, voici la réponse que fit le Marquis d'Hautefort.

Je ne sçai quel éclaircissement vous pouvez désirer de moi, Mademoiselle, je veux bien vous mettre l'esprit en repos sur le testament dont je vous envoye une copie par-devant Notaires. Si vous y étiez nommée, j'ai trop de respect pour la memoire de feu mon oncle, pour que vous n'en fussiez pas informée. A l'égard du prétendu mariage, je vous conseille d'en oublier jusqu'à l'imagination. Personne n'en sera la duppe, & M. d'Hautefort étoit trop connu & trop estimé pour en pouvoir être soupçonnée à son âge, & tout ce que vous en pourrez dire ne pourra que faire beaucoup de tort à votre réputation, vous faire des ennemis de toute sa famille, & au bout de cela, cela ne persuadera personne. Faites-moi la grace d'être persuadée, Mademoiselle, que je vous donne un bon conseil. Je suis très-parfaitement, &c.

Quand on rapprochera cette lettre des preuves qui existent au procès sur la souftraction dont l'Appellante se plaint, il n'y aura personne qui ne soit infiniment frappé des impressions qu'elle fera naître contre le Marquis d'Hautefort.

Qu'on place le Marquis d'Hautefort dans la situation d'un homme de bonne foi, qui n'a jamais sçû qu'un oncle dont il a recueilli la succession, pensât à se marier, qui n'a rien trouvé dans les papiers de cet oncle qui ait pu le lui faire soupçonner, & qui se propose de répondre à des lettres, où on lui annonce simplement que son oncle, lorsque la mort l'a surpris, étoit *sur le point d'épouser* une fille de condition, & qu'il a dû trouver parmi les papiers du défunt le Contrat de mariage, & un testament, par lequel il fait du bien à la personne qu'il projettoit d'épouser, sans que le Marquis d'Hautefort ait pu être induit par ces lettres à envisager son oncle comme engagé dans les liens d'un mariage qui n'a été que projetté, & dont sa mort a empêché la celebration. Jamais le Marquis d'Hautefort n'a dû écrire dans le stile de la lettre dont on vient de rapporter les termes. Il a dû dire simplement : Je ne sçai ce que c'est que tout ce dont vous me parlez, je n'ai rien trouvé dans les papiers de mon oncle, qui y ait le moindre rapport, je n'y ai trouvé qu'un seul testament holographe, par lequel je suis institué legataire universel, & où il n'y a aucune disposition qui vous concerne. Pour vous en convaincre par vous-même, je vous en envoye une expedition en forme. Mon oncle m'a toûjours paru fort éloigné du mariage; si cependant il étoit sur le point de vous épouser, s'il a passé avec vous un contrat de mariage, si rélativement à ces projets de mariage, vous avez quelques prétentions contre sa succession, j'attens qu'il vous plaise m'instruire des titres sur lesquels vous pouvez fonder vos prétentions. Mais jamais le Marquis d'Hautefort dans une telle situation, répondant à des lettres où on ne lui parle que d'un projet de mariage, & non pas d'un mariage celebré, n'a dû dire, *à l'égard du prétendu mariage, je vous conseille d'en oublier jusqu'à l'imagination, personne n'en sera la duppe, &*

M. d'Hautefort étoit trop connu & trop estimé pour en pouvoir être soupçonné à son âge, & tout ce que vous en pourrez dire, ne servira qu'à faire beaucoup de tort à votre réputation, vous faire des ennemis de sa famille, & au bout de cela, cela ne persuadera personne. Faites-moi la grace d'être persuadée que je vous donne un bon conseil.

Mais que l'on place le Marquis d'Hautefort dans sa veritable situation, c'est-à-dire, dans la situation d'un homme qui a trouvé parmi les papiers de son oncle, les preuves justificatives d'un mariage, auquel il ne s'attendoit pas, & un testament holographe, par lequel son oncle a disposé en faveur de celle qu'il a épousée, qui a supprimé ces pieces, qui a cru par cette suppression mettre la Veuve de son oncle dans l'impuissance de reclamer son état, & être à l'abri de toutes recherches, qui néanmoins est dans la suite inquieté par des lettres où il voit clairement que celle qui les lui écrit, ne lui dit pas tout ce qu'elle sçait, & tout ce dont il est pleinement instruit par les pieces qu'il a supprimées, qui conclud de cette reticence, que celle à qui il a affaire, quoique réellement veuve de son oncle, ne prend pas la qualité de Veuve, parce qu'elle est dénuée des titres qui peuvent lui assurer son état. On conçoit alors que le Marquis d'Hautefort a pu écrire, comme il a écrit en effet, & que troublé par le crime qu'il se reprochoit à lui-même, il a pu se répandre dans de longs discours, pour combattre les idées d'un mariage dont on ne lui avoit parlé que comme d'un projet demeuré sans execution, mais dont la verité lui étoit connue. En un mot le Marquis d'Hautefort dans la bonne foi, & ne sçachant du mariage de son oncle que ce que lui en ont appris les lettres ausquelles il fait réponse, n'a dû envisager ce mariage que comme un projet que la mort inopinée de son oncle a dérangé, & sous ce point de vûe, le langage qu'il tient dans sa réponse est déplacé, & incomprehensible. Mais le Marquis d'Hautefort instruit de la verité par les pieces qu'il a trouvées après la mort de son oncle, & qu'il a supprimées écrivant à la Veuve de son oncle, qu'il connoît pour telle, quoiqu'elle ne s'annonce pas à lui sous cette qualité, & à qui il se persuade qu'il a arraché tous les titres justificatifs de son état ; moins occupé de ce qu'on lui a écrit que de ce qu'il sçait interieurement, cherche à s'étourdir lui-même, & s'éforce d'intimider par ses discours celle dont il craint les poursuites, en lui persuadant *qu'elle doit oublier jusqu'à l'imagination de son mariage, que personne n'en sera la duppe, que M. d'Hautefort étoit trop connu & trop estimé pour en pouvoir être soupçonné à son âge ; que tout ce qu'elle pourra dire ne fera que faire beaucoup de tort à sa réputation, lui faire des ennemis de toute la famille du défunt, & qu'au bout de cela, cela ne persuadera personne.* Voilà, on ose le dire avec confiance, une demonstration de sentiment à laquelle il est impossible de résister, & qui soutenue de toutes les preuves qui sont au procès, acheve d'accabler le Marquis d'Hautefort.

Il ne s'agit plus présentement que de parcourir quelques objections répandues dans une Requête imprimée, que le Marquis d'Hautefort n'a donnée que depuis la Requête de conclusions civiles de la Suppliante.

PREMIERE OBJECTION.

L'Appellante embrasse trois affaires absolument distinctes, quoiqu'il ne s'agisse que d'une seule aujourd'hui : elle traite la question de son état, elle rappelle la pro-

cedure que le Marquis d'Hautefort avoit commencée contre elle à Laval, & que la Cour a condamnée par l'Arrest du 2 Avril 1729, comme récriminatoire. Ces objets sont absolument étrangers à l'objet des plaintes, sur lesquelles seules il s'agit de prononcer. Quelque chose que l'on décide sur l'accusation de soustraction, la question de l'état de l'Appellante demeurera toûjours entiere. Il faut de même écarter la procédure de Laval & l'Arrest qui l'a condamnée : l'Appellante s'abuse trop facilement, si elle s'imagine qu'elle a été justifiée par l'Arrest du 2 Avril 1729, des crimes qu'on lui imputoit, & que le Marquis d'Hautefort ait esté reconnu coupable des plus énormes attentats. On a jugé qu'une procédure posterieure à celle que l'Appellante avoit commencée, estoit récriminatoire. On a jugé que la capture de l'Appellante n'estoit pas reguliere, dans les circonstances où elle estoit elle-même accusatrice. Les plaintes de l'Appellante redoublées avec vivacité, ont pû faire soupçonner à la Cour quelque violence de la part du Marquis d'Hautefort.

R E P O N S E.

L'Appellante, veuve du Comte d'Hautefort, se plaint de la suppression qui a esté faite des titres justificatifs de son état. Pour soutenir une telle accusation, il a esté indispensable de commencer par asseurer la verité du mariage : c'est ce que l'Appellante a fait, en produisant l'Acte de celebration de son mariage & les Lettres du Comte d'Hautefort, où la verité de ce mariage est pleinement développée. Et il est inconcevable que l'Appellante ayant produit ces pieces si décisives pour établir sa qualité de veuve du Comte d'Hautefort, en laquelle elle a toûjours procedé dans cette affaire, & qui lui a esté donnée dans les differens Arrests qui sont intervenus, les Juges dont est appel la lui ayent ôtée dans les qualitez de leur Sentence intervenue sur une affaire, où le Marquis d'Hautefort est obligé de reconnoître qu'il ne s'agissoit pas de décider une question d'état : il ne faut que cette circonstance pour démontrer la partialité des premiers Juges, & leur dévouement aveugle au Marquis d'Hautefort.

Il n'étoit pas moins necessaire de rappeller les circonstances dans lesquelles estoit intervenu l'Arrest du 2 Avril 1729, puisque c'est par cet Arrest qu'a esté confirmée la procédure de l'Appellante, & que l'on a déclaré nulle la procédure de Laval, imaginée par le Marquis d'Hautefort, uniquement pour combattre la procédure de l'Appellante ; & le Marquis d'Hautefort ne doit pas se flatter de donner le change sur cet Arrest. On n'a point encore oublié les motifs de sa décision, ce n'est pas par la seule anteriorité que la procédure de l'Appellante l'a emporté sur la procédure de Laval ; si c'eût esté là le principe de décision, la procédure du Marquis d'Hautefort auroit esté condamnée long-tems auparavant ; & par le premier Arrest du 23 Juin 1728, au contraire M. Talon, sur les conclusions duquel intervint ce premier Arrest, fit voir que l'anteriorité seule d'une premiere procédure ne suffisoit pas pour envisager une procédure posterieure comme récriminatoire ; mais il établit en même-tems que le Marquis d'Hautefort estant parvenu à arrêter la procédure de l'Appellante dans son principe, pendant qu'à la faveur des obstacles qu'il avoit suscitez, il avoit porté la sienne tout au plus loin, il estoit indispensable de permettre à l'Appellante de continuer la sienne, & d'arrêter celle du Marquis d'Hautefort, parce qu'alors on seroit

eu

en eftat de décider en connoiffance de caufe laquelle des deux procédures méritoit d'être confirmée. Ses conclufions furent fuivies par l'Arreft du 23 Juin 1728; & en vertu de cet Arreft, l'Appellante ayant continué fa procédure, par la comparaifon des deux procédures, la Cour a connu clairement que celle de l'Appellante étoit la feule qui eût un objet férieux & légitime ; & que celle du Marquis d'Hautefort n'étoit qu'une procédure violente & artificieufe, imaginée pour étouffer la voix d'une accufatrice, & pour arrêter le cours d'une procédure légitime : & convaincue de cette verité, la Cour, par l'Arreft du 2 Avril 1729, fans s'arrêter à toutes les Requeftes du Marquis d'Hautefort, qui tendoient à la confirmation de fa procédure de Laval, déclare *cette procédure & tout ce qui s'en eft enfuivi nul ;* condamne le Marquis d'Hautefort en 20000 livres de dommages & interefts envers l'Appellante, & confirme purement & fimplement la procédure que l'Appellante avoit faite au Châtelet. L'Appellante ne croit point s'abufer, en s'imaginant que cet Arreft la juftifie pleinement de tous les crimes que le Marquis d'Hautefort lui imputoit, réprime avec feverité les attentats aufquels le Marquis d'Hautefort s'étoit porté contre elle, & préjuge le Marquis d'Hautefort coupable, en confirmant la procédure de l'Appellante.

SECONDE OBJECTION.

L'Appellante ne rappelle qu'une partie des faits renfermez dans fes plaintes : elle ne parle qu'en paffant de la prétendue fuppreffion de la minute du Contrat de mariage & du Contrôle, elle ne dit pas un mot d'un autre chef, qui eft la laceration de deux feuillets du Regiftre des mariages de la Paroiffe d'Argentré. Ce fait de laceration eft faux, la voilà donc convaincue de calomnie ? & par rapport à la fuppreffion de la minute du Contrôle qu'elle imputoit à Ains, Notaire à Montfur, elle garde aujourd'hui le filence fur ce chef, elle refpecte ce Notaire, elle ne demande rien contre lui. S'il eft aujourd'hui innocent, les autres accufez ne peuvent être coupables ; la fuppreffion de la groffe du Contrat de mariage eft une chimere, s'il n'y a point eu de fuppreffion de la minute.

REPONSE.

On fupplie ici la Cour de fe rappeller de quelle maniere l'Appellante a commencé & conduit fa procédure.

Munie des preuves écrites que le Comte d'Hautefort lui avoit adminiftrées, & qui lui apprenoient que fon Contrat de mariage, & un Teftament holographe qui gratifioit l'Appellante, étoient dans la caffette du Comte d'Hautefort, elle a parlé d'après lui ; elle a rendu plainte de la fuppreffion de ces titres dont il n'éxifte aucune trace, ni dans les Procès verbaux d'appofition & de levée des fcellez, ni dans l'Inventaire fait après la mort du Comte d'Hautefort. Si par fa plainte elle a déféré le crime de cette fuppreffion à la Juftice, elle ne l'a imputé à perfonne en particulier. Elle fçavoit le crime, mais elle n'en connoiffoit pas les auteurs. C'eft le Marquis d'Hautefort, dont l'Appellante n'avoit point parlé dans fa plainte, qui s'eft trahi, & qui s'eft annoncé comme le coupable, par les efforts qu'il a faits pour traverfer la procédure de l'Appellante, foit en furprenant un Arreft

G

fur Requefte fans Conclufions de M. le Procureur General, par lequel en recevant le Marquis d'Hautefort Appellant de la procédure commencée au Châtelet à la Requefte de l'Appellante, il étoit ajoûté, *toutes chofes demeu-rantes en état*; Arreft fi extraordinaire & fi contraire à toutes les regles, que M. le Procureur General s'y eft fait recevoir oppofant, foit en élevant l'é-difice de cette monftrueufe procédure de Laval, à la faveur de laquelle il étoit parvenu à faire enlever l'Appellante, & que la Cour a profcrite par l'Arreft du 2 Avril 1729.

Dans le cours des plaidoiries, l'Appellante a été inftruite qu'Ains, Notaire Royal de Laval à Montfur, étoit un des témoins que le Marquis d'Haute-fort avoit fait entendre contre elle, comme l'un des Officiers publics que l'on fuppofoit qu'elle avoit voulu féduire pour lui fabriquer de faux titres. L'Appellante qui fçavoit parfaitement que ce Notaire étoit celui qui avoit reçû fon Contrat de mariage, n'a pas pû douter que ce Notaire qui avoit dépofé contre elle, ne fe fût prêté auparavant à fupprimer la minute, dont il étoit dépofitaire, elle a par une Requefte en la Cour, rendu plainte de nou-veau de la fuppffition de cette minute, à laquelle on n'a pû parvenir que par la fuppreffion de la feule groffe qui avoit été delivrée. Par l'évenement de l'inftruction, l'Appellante a porté jufqu'à la démonftration, la fuppreffion commife à Paris après la mort du Comte d'Hautefort, des titres qui inte-reffoient l'Appellante, & qui étoient dans la caffette du Comte d'Haute-fort; mais elle n'a pas été affez heureufe pour manifefter la fuppreffion de la minute. Par le défaut de preuves de la fuppreffion de la minute, ceux qui ont commis ce crime échappent à la feverité de la Juftice : mais parce que ce crime n'eft point averé, parce que l'inftruction n'adminiftre point d'éclair-ciffement fur ce chef, s'enfuit-il que l'on doive négliger les preuves qui con-ftatent la fuppreffion faite à Paris, des titres qui étoient dans la caffette du Comte d'Hautefort. Entre ces titres, il y a un Teftament holographe, dont il n'éxiftoit aucune minute; il y a un Contrat & un Acte de celebra-tion de mariage, dont l'exiftence & la verité font affurées par les lettres & par les autres preuves literales produites par la main du Comte d'Hau-tefort, & qui ont difparu depuis fa mort. Parce que la Juftice n'eft pas en état de fevir contre ceux qui ont fupprimé la minute, s'enfuit-il qu'il faille abfoudre ceux qui font convaincus de la fuppreffion faite à Paris, & qui fait le principal objet de la premiere plainte de l'Appellante. Il y a quelque chofe de plus, c'eft par la fuppreffion faite à Paris de la groffe du Contrat de mariage, que l'on eft parvenu à rendre impoffible la découverte de la fuppreffion de la minute. Si cette groffe n'avoit pas été fouftraite, on con-vaincroit avec certitude le Notaire qui en a reçû la minute : il ne faut donc pas dire, que parce que la fuppreffion de la minute n'eft pas prouvée, la fuppreffion de la groffe n'eft qu'une chimere : il n'y a perfonne qui ne fente l'illufion d'un tel raifonnement; & au contraire, il faut conclure que c'eft précifément par la fuppreffion de cette groffe, qu'on eft parvenu à la fup-preffion de la minute, & à rendre impoffible la conviction de cette fup-preffion.

A l'égard de la laceration au regiftre de la Paroiffe d'Argentré, l'Ap-pellante n'en a pas dit un feul mot dans fa plainte : il eft vrai que ce fait de laceration fe trouve inferé dans le Monitoire; mais ce Monitoire, qui ne nomme & ne peut nommer personne, ne peut autoriser qui que ce soit à arguer l'Appellante de calomnie. D'ailleurs, ce Registre, dont le Marquis d'Hautefort avoit fait faire un Procès verbal à sa mode par le Juge du Comté de Laval, & qu'on avoit annoncé comme revêtu de toutes les formes prescrites par l'Ordonnance, s'est trouvé le monument le plus informe qu'il soit possible d'imaginer. Par exemple, le Procès verbal que le Juge Royal de Laval a dressé le 10 May 1729, en vertu de la commission rogatoire du Lieutenant-Criminel du 16 Fevrier 1728, fait foi que ce Registre n'a été paraphé par le Juge Royal que le 19 Janvier 1726: il s'y trouve cependant des Actes de Baptême & de Mariage du premier & du second Janvier, il faut bien que ces Actes y ayent été reportez après coup; il s'y trouve une infinité de blancs dont on a pu abuser & une infinité d'autres défectuositez, dont on peut s'éclaircir par le Procès verbal qui est produit au Procès.

TROISIE'ME OBJECTION.

Quand on conviendroit de la verité des écrits que rapporte l'Appellante, autant qu'on les soutient faux, que faudroit-il en conclure? Que le Comte d'Hautefort avoit dans sa cassette au mois de Novembre & de Decembre 1726, un Contrat de mariage & un Testament; & si l'on veut même, qu'il les a mis dans une enveloppe pour être envoyeZ à l'Appellante. Mais de ce que ces pièces existoient dans la cassette au 15 Decembre, est-il permis d'en conclure qu'elles y étoient encore le 7 Fevrier suivant? Parce qu'un homme aura dit de son vivant qu'il a des papiers, ses heritiers seront-ils coupables de soustraction, s'ils ne se trouvent point à sa mort? n'étoit-il pas plus simple au Comte d'Hautefort d'envoyer ses papiers à l'Appellante, que de lui fournir des titres pour se les faire representer? les fragmens même de l'enveloppe, s'ils étoient vrais, persuaderoient qu'il l'auroit fait. Et pour mettre l'Appellante à l'abri des attentats de ses heritiers contre lesquels il vouloit lui administrer des armes, il n'auroit pas laissé dans sa cassette ces papiers prétieux avec une enveloppe qui expliquât tout ce qui étoit dans ce paquet, c'auroit été au contraire les tenter de faire ce qu'il craignoit.

REPONSE.

Le Marquis d'Hautefort ne doit plus se flatter de faire naître des doutes sur la verité des pieces que l'appellante a produites, & que cinq Experts nommez d'office qui les ont examinées pendant vingt-huit vacations, & qui les ont comparées à un Testament holographe par lequel le Marquis d'Hautefort est institué legataire universel, & à un partage des biens de la maison d'Hautefort, où il y a trente-trois differentes signatures du Comte d'Hautefort, ont decidé unanimement être écrites de la main du Comte d'Hautefort, on n'entrera point à cet égard dans un plus grand détail, ce point a été suffisamment éclairci dans la Requête de conclusions civiles de l'Appellante, qu'elle employera pour griefs.

Si la verité & la sincerité de ces pieces ne peuvent plus être revoquées en doute, jamais le Marquis d'Hautefort n'échapera aux inductions qui en naissent.

Les titres de la soustraction desquels l'Appellante se plaint, étoient, suivant les pieces qu'elle rapporte, dans la caffette du Comte d'Hautefort, du moins au 15 Decembre 1726 ; le Comte d'Hautefort eft mort le 7 Fevrier 1727, ils ne fe font point trouvez après fon décès ; il faut donc qu'ils ayent efté ôtez de là caffette ou avant la mort du Comte d'Hautefort par lui-même, ou depuis la mort du Comte d'Hautefort.

Eft-ce avant la mort du Comte d'Hautefort par lui-même ? toutes les preuves du Procès s'élevent contre cette fuppofition.

Le Comte d'Hautefort, il eft vrai, avoit eu deffein de les remettre à l'Appellante, il croyoit même les lui avoir remis, mais il a depuis efté defabufé de cette idée, & il a accufé les avoir en fa poffeffion & dans fa caffette, par fa lettre du 17 Decembre 1726. S'explique t-il dans cette lettre comme un homme qui ait deffein de les renvoyer à l'Appellante ? Non, & l'on voit au contraire qu'il fe contente de donner avis à l'Appellante qu'il les a retrouvez dans fa caffette, & qu'ils y font en fûreté: *Vous aviez raifon, en arrivant à Paris j'ai trouvé ce que je croyois vous avoir donné à Hauterive, le tout eft enfemble avec notre contrat de mariage dans ma caffette avec fûreté.* Et pourquoi le Comte d'Hautefort fe déterminoit-il à les garder dans fa caffette, plutôt que de les envoyer à l'Appellante ? on en trouve la raifon dans une autre de fes lettres du mois de Novembre 1726, où il annonce à l'Appellante que fon deffein étoit de la rejoindre au mois d'Avril 1727, & de déclarer alors fon mariage. *Ne vous allarmez pas fi vifte, je vous répete que le mois d'Avril ne me reverra pas dans ce maudit païs. Vous fçavez ce que je vous ai dit de mon arrangement, perfonne n'aura plus de mefures à garder.*

A la fin du mois de Janvier 1727 le Comte d'Hautefort eft obligé de quitter fa maifon, & de fe retirer chez un Chirurgien où par l'évenement il eft mort ; mais avant que de quitter fa maifon il prend deux précautions.

L'une, de recommander à Mandeix le plus ancien de fes domeftiques, de lui apporter lui-même fa caffette, fans la confier à perfonne.

L'autre, de raffembler dans un paquet tous les titres qui intereffoient l'Appellante, & d'écrire de fa main l'énumeration des pieces contenues dans le paquet & leur deftination, *pour être renvoyées bien fidelement au château de S. Quentin à Avranches.* Il n'avoit garde de foupçonner fes heritiers d'abufer de cette indication & de fe porter à fupprimer le paquet ; il ne pouvoit pas fe perfuader que des perfonnes de fon nom fuffent tentées par des vûes d'interêt de commettre une telle infidelité.

Si pendant fon féjour chez Martinon le Comte d'Hautefort ne paroît point avoir demandé fa caffette, c'eft parce que la veille même de fa mort il ne fe regardoit point comme menacé d'une mort prochaine, puifqu'il fe faifoit lire les lettres qui lui étoient adreffées, & puifqu'il ordonna à Bourguignon l'un de fes Laquais de conferver une lettre qui lui étoit écrite par l'Appellante, pour qu'il pût la lire quand il fe porteroit mieux.

Que l'on joigne à tous ces faits clairement prouvez au Procès, les autres preuves qui conftatent que le jour de la mort du Comte d'Hautefort, avant l'appofition des fcellez on a fouillé dans la caffette, qu'on y a vû plufieurs paquets cachetez, que celui qui y a fouillé a remis au Marquis d'Hautefort une quantité confidérable de papiers que le Marquis d'Hautefort reconnoît avoir reçus, & dont il avoue avoir brulé une partie, & que ceux qui font convaincus d'avoir fait l'ouverture de cette caffette, ou d'y avoir efté prefens, ont tous nié dans leurs interrogatoires d'être entrez dans la maison du Comte d'Hautefort le jour de fa mort avant le tranfport des Officiers de Juftice; de la réunion de toutes ces preuves il réfulte une démonftration que les titres que l'on a arrachez à l'Appellante étoient encore dans la caffette du Comte d'Hautefort le jour de fa mort, & qu'ainfi ils n'ont difparu depuis que par la mauvaife foi de ceux qui les ont enlevez contre les intentions du Comte d'Hautefort, qui vouloit qu'on les remît à l'Appellante.

Dire que l'Appellante les a peut-être reçus, & qu'elle ne fait aujourd'hui tant de fracas pour retrouver ce qu'elle a en fa poffeffion, que parce que ces titres étoient auffi informes, que fon mariage qu'elle fuppofe feroit irregulier, c'eft ce qu'on ne perfuadera à perfonne. Quel intereft auroit eu l'Appellante de ne pas montrer des titres qui font auffi décififs en fa faveur dans quelque forme qu'ils puffent être? Quels vices de forme pourroient l'empêcher de faire ufage d'un Teftament holographe, d'un Contrat de mariage, & d'un acte de celebration? Seroit-il plus expedient pour elle de s'engager dans un Procès ruineux pour imputer à un ennemi puiffant la fuppreffion de titres qu'elle auroit réellement reçus, c'eft le comble de l'égarement.

QUATRIEME OBJECTION.

Les preuves que l'Appellante employe ne forment qu'un tiffu de contradictions, fi l'on en croit la revelation anonime; les papiers qu'elle redemande ont efté brulez le matin chez Martinon; fi l'on en croit le récollement de Françoife Champagne, ces mêmes pieces faifoient partie des paquets cachetez que l'on a vû l'après midi du même jour dans la chambre de Mandeix, il n'appartient qu'à l'Appellante de faire retrouver l'après midi des pieces qui ont efté brûlées le matin: d'ailleurs cette revelation anonime eft vifiblement l'ouvrage de l'intrigue de l'Appellante; & c'eft par elle que cette revelation avec les fragmens de l'enveloppe font parvenus jufqu'aux dépôts de la Juftice, puifque plus d'un mois avant que le paquet qui contient cette revelation anonime & les fragmens fût apporté au Greffe de la Cour, l'Appellante, fes confeils, fes emiffaires avoient pris foin d'inftruire le public de ce que ce paquet devoit contenir.

REPONSE.

Si la révelation anonime s'étoit trouvée toute feule dans le paquet apporté au Greffe de la Cour, peut-être pourroit-on former quelque foupçon contre l'Appellante; mais quand dans le même paquet cette révelation anonime s'eft trouvée jointe à des fragmens de papiers écrits de la main du Comte d'Hautefort, tous les foupçons de fraude & d'artifice s'évanouiffent, & il n'eft pas plus permis de foupçonner l'Appellante d'avoir fabriqué la révelation, que de la foupçonner d'avoir fabriqué des pieces que les Experts ont decidé être écrites de la main du Comte d'Hautefort.

Il n'eft pas extraordinaire que les bruits publics ayent pu annoncer par avance une partie de ce qui fe trouve écrit fur ces fragmens d'enveloppe. Le public étoit attentif fur les moindres circonftances de cette affaire; celui qui avoit en fa poffeffion ces fragmens a neceffairement inftruit quelqu'un de la découverte qu'il avoit faite; il a pu prendre confeil fur l'ufage qu'il devoit en faire; il a pu même annoncer les difpofitions où il étoit de les faire paffer

H

dans les dépots de la Juſtice , & parce que tout cela n'a pu ſe faire ſans qu'il
en ait tranſpiré quelque choſe dans le public, s'enſuit-il que ce ſoit par le
canal de l'Appellante que le paquet ait eſté remis au Curé de S. Jean?

Mais quelle que puiſſe être la voie par où ces fragmens ont paſſé dans le
Greffe de la Cour, il en faut toûjours venir au point de ſçavoir ce qui en
réſulte, & s'ils ſont réellement écrits de la main du Comte d'Hautefort. S'ils
ſont conſtamment l'ouvrage de la main du Comte d'Hautefort, comme on
n'en peut plus preſentement douter , ils fourniſſent une preuve complette,
non ſeulement que le Contrat & l'Acte de celebration du mariage de l'Appellante, & un Teſtament daté du 24 Septembre 1726, étoient en la poſſeſſion du Comte d'Hautefort ; mais encore qu'il les avoit raſſemblez dans
un paquet en marquant ſur l'enveloppe du paquet que ſon intention étoit
qu'on les remît fidelement à l'Appellante , & cette nouvelle preuve réunie
aux autres preuves du Procès, forme une démonſtration à laquelle le Marquis d'Hautefort ne reſiſtera jamais.

Au ſurplus, il n'y a point, comme on le ſuppoſe, de contradiction entre
ce qui reſulte de la revelation anonime, & ce qui reſulte du recolement
de Françoiſe Champagne , éclairci par les confrontations de Françoiſe de
Champagne aux acculez.

Ce qui reſulte de la revelation anonime , eſt que ſon auteur, quel qu'il
ſoit , dans les premiers jours du mois de Fevrier 1727, a trouvé les fragmens de l'enveloppe dans la cheminée d'une ſalle de Martinon dont le Marquis d'Hautefort venoit de ſortir, & où , un moment auparavant, l'auteur de
la revelation avoit vû le Marquis d'Hautefort liſant des papiers.

Ce qui réſulte du recolement de Françoiſe Champagne , eſt que le jour
de la mort du Comte d'Hautefort, on a ouvert en ſa preſence la caſſette du
Comte d'Hautefort, où elle a vû des paquets cachetez , & d'où elle a vû
tirer de vieilles eſpeces : il eſt vrai qu'elle dit dans ce même recollement
que c'étoit *l'après midi , & dans le tems qu'on alloit appoſer le ſcellé.* Mais le fait
a été éclairci dans les confrontations de Françoiſe Champagne aux accuſez , & il eſt demeuré pour conſtant que c'étoit le matin même du jour
de la mort du Comte d'Hautefort, que s'étoit paſſé le fait dont Françoiſe
Champagne rend compte dans ſon recolement ; & en ſuivant l'interrogatoire de Mandeix , on reconnoît qu'il y a une impoſſibilité phyſique que cette
ouverture de la caſſette ait été faite par Mandeix l'après midi, puiſqu'alors
il n'étoit point dans la maiſon du Comte d'Hautefort, mais chez Martinon,
d'où il n'eſt ſorti que quand Soutet a été l'avertir que le Commiſſaire étoit
dans la maiſon du Comte d'Hautefort, où il appoſoit les ſcellez. Par cet
éclairciſſement qu'adminiſtrent les preuves du Procès , diſparoît la contradiction prétendue ſur laquelle le Marquis d'Hautefort inſiſte avec tant d'em-
phaſe. Il n'eſt point neceſſaire de reproduire l'après midi, des pieces qui ont
été brûlées le matin ; c'eſt le matin que ces pieces éxiſtoient encore dans la
caſſette du Comte d'Hautefort ; & depuis que Françoiſe Champagne a vû
dans cette caſſette les paquets cachetez dont elle parle, il n'y a nulle impoſſibilité que Mandeix ſe ſoit ſaiſi de celui , de l'enveloppe duquel les fragmens éxiſtent au Procès , qu'il l'ait porté chez Martinon au Marquis d'Hautefort ſon nouveau maître , & que ces fragmens ſe ſoient trouvez dans la
cheminée d'une ſalle dont ſortoit le Marquis d'Hautefort ; d'autant plus que

la revelation anonime ne fixe ni le jour, ni l'heure où fon auteur a ramaffé ces fragmens dans la cheminée de la falle de Martinon. Mais quand on feroit abftraction de la revelation anonime, quand elle feroit regardée comme une piece qui ne pourroit pas fixer l'attention de la Juftice ; le fait que l'Appellante a interêt de prouver n'en feroit pas moins conftant. L'Appellante a déferé à la Juftice une fuppreffion de pièces qui l'intereffoient, & cette fuppreffion eft démontrée par la combinaifon des circonftances que l'on a détaillées', & qu'on ne répetera point.

CINQUIEME OBJECTION.

Il n'y a point de contradition entre les réponfes du Marquis d'Hautefort & celles de Mandeix, Mandeix parle de trente ou quarante lettres & peut-être plus, mais cela eft trop vague pour fonder un reproche de contradiction. D'ailleurs Mandeix ne parle que des lettres qui s'étoient trouvées chez Martinon, au lieu que le Marquis d'Hautefort parle de celles qu'on lui apporta quatre jours après, qu'il brûla dans fon cabinet à l'Hoftel de Pompadour, & qui comprenoient tant celles trouvées chez Martinon, que celles qui étoient arrivées journellement à l'Hoftel du Comte d'Hautefort, rue de Varenne ; & quand on admire la fagacité du Marquis d'Hautefort d'avoir jugé inutiles des pieces qu'il n'a pas lûes, c'eft faire l'étonné pour peu de chofe, *c'eft une gentilleffe perdue.* Ceux qui font dans l'habitude de recevoir beaucoup de lettres, jugent fouvent de leur inutilité à la feule fignature, à la feule lecture d'une ligne ou deux, c'eft-là ce qu'on appelle brûler des lettres fans les lire en entier.

REPONSE.

Il faut être réduit à une étrange extrémité pour propofer de femblables illufions, & le Marquis d'Hautefort ne conciliera jamais la contradiction qui fe rencontre entre fes réponfes & celles de Mandeix, fur un fait qui s'eft paffé entre eux deux, & fur lequel par conféquent ils auroient dû s'expliquer d'une maniere uniforme.

Mandeix convaincu d'avoir fouillé dans la caffette du Comte d'Hautefort avant l'appofition des fcellez, avoue avoir remis au Marquis d'Hautefort un rouleau de papiers, qu'il fuppofe tenir de Bourguignon, l'un des laquais du Comte d'Hautefort, & il ajoûte que dans ces papiers que Bourguignon lui a donnez, *il n'a point vû de lettre qui ne fût décachetée* ; le Marquis d'Hautefort de fon côté avoue avoir reçu de Mandeix *une prodigieufe quantité de lettres cachetées, qu'il y en avoit de quoi remplir au moins un boiffeau.* Voilà la principale contradiction qu'on a relevée, & c'étoit cette contradiction que le Marquis d'Hautefort devoit effayer de diffiper, mais il garde avec raifon fur cette circonftance un filence prudent. Que le Marquis d'Hautefort nous apprenne donc comment il fe peut faire que le Domeftique de qui le Marquis d'Hautefort avoue avoir reçu les papiers dont on lui parle, *n'ait vû aucune lettre qui ne fût décachetée,* & que le Maître ait reçu de ce même Domeftique *une prodigieufe quantité de lettres cachetées.*

D'ailleurs, ce que dit Mandeix, qu'il tenoit ce rouleau de papiers de Bourguignon eft conftamment faux, puifque dans fa dépofition Bourguignon ne parle que d'une feule lettre cachetée qu'il ait remife à Mandeix. Mais, dit le Marquis d'Hautefort, Bourguignon en difant qu'il a remis cette lettre cachetée, ne dit pas qu'il ne lui ait pas remis toutes les autres qui avoient été ouvertes pendant le cours de la maladie du Comte d'Hautefort, c'eft précifément par-là qu'il eft évident que Bourguignon n'a remis que la lettre cachetée, fi avec cette lettre cachetée il avoit remis à Mandeix un rouleau d'autres lettres decachetées, cette circonftance ne lui auroit pas échappé ; ainfi du moins ce que dit Mandeix que c'eft Bourguignon qui lui a remis ce rouleau, ne s'accorde pas avec ce que Bourguignon dépofe, & quand il eft prouvé au procès que ce Mandeix a fouillé dans la caffette du Comte d'Hautefort, il eft évident que c'eft dans cette caffette qu'ont été trouvez les papiers que Mandeix a remis au Marquis d'Hautefort, & que pour dépaïfer la verité, Mandeix a articulé avoir reçu ces papiers de Bourguignon, quoique Bourguignon n'en dife pas un mot dans fa dépofition.

Enfin le Marquis d'Hautefort ne trouvera pas beaucoup de gens à qui il perfuade que l'on puiffe juger inutiles des lettres, qui n'ont point été écrites à celui qui les examine, mais à un autre quand on ne prend pas la peine de les lire.

Ainfi quelques efforts que faffe le Marquis d'Hautefort pour fe fouftraire aux preuves qui l'accablent de toutes parts, il ne parviendra jamais à obtenir en la Cour, la confirmation de la Sentence dont l'Appellante fe plaint. De tous les accufez à qui la Sentence adjuge des dommages & interefts, les uns font convaincus par les preuves du procès, d'avoir fupprimé au préjudice de l'Appellante, les titres qui étoient dans la caffette du Comte d'Hautefort, & fi quelques autres n'ont pas participé à cette iniquité, ils fe trouvent du moins coupables de menfonge & de parjures. Devoit-on s'attendre que le Lieutenant Criminel du Châtelet s'oubliât jufqu'au point de décerner des récompenfes au crime & au parjure.

Monfieur THOME, *Rapporteur.*

Me AUBRY, Avocat.

CAMUS, Procureur.

De l'Imprimerie de P. A. LE MERCIER pere, 1731.

PRE'CIS de l'affaire de la Dame COMTESSE D'HAUTEFORT.

CONTRE le Marquis d'HAUTEFORT, & autres Accusez.

LE crime que la Dame d'Hautefort a deferé à la Justice, confiste dans la fuppreffion des titres juftificatifs de fon état de Veuve du Comte d'Hautefort, c'eft-à-dire, de fon Contrat de mariage, & d'un Acte de celebration de fon mariage, & dans la fuppreffion d'un Teftament olographe.

Eu égard à la qualité d'un tel crime commis dans les tenebres, on ne doit pas éxiger qu'un Accufateur adminiftre à la juftice des témoins *de Vifu*; ce feroit affurer l'impunité de tous les crimes de cette efpece; il fuffit que la conviction réfulte de l'affemblage de certaines circonftances qui affurent la perpetration du crime & la perfonne du coupable.

Il y a dans l'affaire deux fortes de preuves : preuves litterales & preuves vocales.

Les preuves litterales font des Ecrits du Comte d'Hautefort, fur la verité defquels il ne peut plus y avoir de doute, puifqu'elle eft atteftée par cinq Experts nommez d'office qui les ont examinez pendant vingt-huit vacations, & comparez à un Teftament olographe du Comte d'Hautefort, par lequel le Marquis d'Hautefort fon neveu, eft inftitué Legataire univerfel.

Il réfulte clairement de ces preuves que le Contrat de mariage du Comte d'Hautefort, le Certificat de la celebration de fon mariage avec l'Appellante, & un Teftament du 24. Septembre étoient dans la Caffette du Comte d'Hautefort, du moins jufqu'au 15 Decembre 1726.

Le Comte d'Hautefort eft mort le 7. Fevrier 1727. chez Martinon Chirurgien; & après fa mort on ne trouve aucune trace de ces papiers dans les procès verbaux d'appofition & de levée des fcellez, ni dans l'inventaire fait après fa mort.

Il faut donc neceffairement que les papiers dont il s'agit ayent été tirez de la Caffette, ou par le feu Comte d'Haut. lui-même dans le tems intermediaire du 15. Decembre 1726. au 7. Fevrier 1727. jour de fa mort, ou depuis la mort du Comte d'Hautefort par ceux qui ont eu interêt de les fupprimer.

Plufieurs circonftances établies démonftrativement au procès, fe réuniffent pour conftater que le Comte d'Hautefort n'a point tiré ces papiers de fa Caffette tant qu'il a vêcu.

Lorfque que le Comte d'Hautefort a écrit à l'Appellante dans la Lettre du 17. Decembre 1726. qu'il avoit trouvé dans fa Caffette les papiers qu'il croyoit lui avoir remis; il ne lui a point marqué que fon intention fût de les lui envoyer; il lui a écrit au contraire, comme un homme qui vouloit les conferver en fa poffeffion jufqu'à ce qu'il les lui remît lui-même : *Vous aviez raifon*, lui dit-il, *en arrivant à Paris, j'ai trouvé ce que je croyois vous avoir donné à Hauterive, le tout eft enfemble avec notre Contrat de mariage* DANS MA CASSETTE AVEC SURETE'. Il regardoit ces papiers comme en

A

7,447

sureté, parce qu'ils étoient dans sa Cassette, & dans le Memoire daté du 15. Decembre 1726, que l'Appellante a reçû en même tems que la Lettre datée du 17. Decembre, le Comte d'Hautefort lui fait part de ses principaux arrangemens. *J'ai fait à Hauterive*, dit-il, *le memoire de tout ce qui y est ; j'ai dans ma Cassette mon Testament fait à Hauterive ; à Brest il y a partie de ma vaisselle d'argent & autres choses, le reste est bien en forme ; il faut, s'il vous plaît, prendre conseil de Madame de Saint Quentin & de mes vieux amis, si je vous manquois.* D'Hautefort ce 15. Decembre 1726.

Pourquoi le Comte d'Hautefort n'envoyoit-il pas ces papiers à l'Appellante? Parce qu'il croyoit la rejoindre au mois d'Avril suivant. *Ne vous allarmez pas si vîte*, dit-il dans la Lettre du 7. Novembre 1726. *je vous repete que le mois d'Avril ne me reverra pas dans ce maudit pays ; vous sçavez ce que je vous ai dit de mon arrangement ; je partirai pour Hauterive, personne n'aura plus de mesures à garder. . . . . . si je n'avois pas eu l'honneur de vous épouser, soyez certaine que je partirois demain.*

Mais se déterminant à ne les point envoyer à l'Appellante, parce qu'il se flattoit de la revoir au mois d'Avril suivant, il prend en même-tems deux précautions, dans l'appréhension que la mort ne le surprenne.

L'une de lui administrer par la Lettre du 17. Decembre, & par le Memoire du 15. Octobre 1726. des titres écrits de sa propre main & signez de lui, qui le constituent dépositaire de ces papiers à son égard, & de lui apprendre où elle doit trouver tout ce qui l'interesse, supposé qu'il lui manque. Elle trouvera à Hauterive un memoire de ce qui y est ; elle trouvera à Brest une partie de sa vaisselle d'argent ; elle trouvera son Testament & son Contrat de mariage dans sa Cassette, où le tout est *ensemble & avec sureté.*

L'autre précaution fut de rassembler dans un pacquet cacheté, ce Testament & les autres titres qui interessoient l'Appellante, d'écrire de sa main sur l'enveloppe du pacquet l'énumeration des pieces que le pacquet renfermoit, & leur destination. C'est ce que nous apprennent les fragmens de l'enveloppe qui existent au procès, & qui sont averez être écrits de la main du Comte d'Hautefort. *Mon Contrat de mar. Mon Testament du 24. Septembre, le Certifi. de mon mariage avec elle, pour le tout être envoyé bien fidelement au Château de Saint Quentin à Avranches.*

Mais ces papiers n'ont-ils point été envoyez par le Comte d'Hautefort lui-même? Plusieurs preuves du contraire.

1°. Suivant ce qui résulte des fragmens de l'enveloppe, l'énumération écrite sur cette enveloppe n'annonce point un pacquet qu'il ait fait dans l'intention de l'envoyer par la Poste ou autrement : car quand on envoye à quelqu'un, d'une Province dans une autre, un pacquet cacheté, on n'explique jamais sur l'enveloppe ce que contient le pacquet, la subscription de l'enveloppe n'annonce que le nom & la demeure de la personne à qui le pacquet doit être remis. L'énumeration écrite sur l'enveloppe, annonce donc au contraire un pacquet de dépôt, dont le Comte d'Hautefort indique la destination, parce qu'il a eu la précaution d'écrire, uniquement dans la vûe de laisser une instruction à ses heritiers, qui suppose que la mort le surprît, trouveroient le pacquet après sa mort parmi ses papiers ; & cette enveloppe étoit destinée à apprendre à ces heritiers, que ce pacquet devoit être *envoyé bien fidelement au Château de Saint-Quentin à Avranches,* où demeure l'Appellanté. Le Comte d'Hautefort, qui faifoit profeffion de la probité la plus éxacte, n'avoit garde de foupçonner que des perfonnes de fon nom puffent être tentées, par des vûes d'interêt, d'intervertir la deftination de ce paquet.

2°. Il eft prouvé au Procès que le Comte d'Hautefort, en quittant fa maifon à la fin de Janvier 1727, pour fe retirer chez Martinon Chirurgien, où il eft mort le 7 Fevrier fuivant, a eu foin de recommander à Mandeix de lui apporter fa caffette s'il la lui demandoit, & de la lui apporter lui-même, fans la confier à perfonne : rapprochant cette circonftance de la preuve qu'adminiftrent les fragmens de l'enveloppe, & les lettres & memoires du Comte d'Hautefort, on demeure convaincu que cette caffette ne fixoit l'attention du Comte d'Hautefort, que parce qu'il y avoit renfermé les piéces qui intereffoient l'Appellante, & qu'il lui avoit accufé avoir en fa poffeffion.

3°. Si pendant fon féjour chez Martinon, il ne paroît point qu'il ait demandé fa caffette, c'eft parce que la veille même de fa mort, il ne fe regardoit point encore comme menacé d'une mort inftante ; puifque l'on voit que la veille de fa mort, il fe fit lire par un de fes domeftiques, deux lettres qu'il avoit reçûes par la Pofte, & en fit mettre à part une troifiéme qui lui étoit écrite par l'Appellante, pour la lire *lui-même quand il fe porteroit mieux.*

4°. Ce qui s'eft paffé depuis la mort du Comte d'Hautefort, entre le Marquis d'Hautefort & l'Appellante, juftifie pleinement le Marquis d'Hautefort du foupçon qu'il ait eu l'attention de faire remettre à l'Appellante des piéces fi intereffantes pour elle.

S'il demeure pour conftant que le Comte d'Hautefort, depuis le 15 Decembre 1726, n'a point tiré de fa caffette les papiers dont il s'agit, jufqu'au moment de fa mort, il s'enfuit neceffairement qu'au moment de fa mort ils éxiftoient encore dans cette caffette. On n'en trouve aucun veftige, ni dans les Procès verbaux d'appofition & de levée de fcellez, ni dans l'Inventaire. Dés-là la certitude que les piéces ont été fupprimées depuis la mort. Il y a donc un corps de délit conftant, qui confifte dans cette fuppreffion; & quand on ne parviendroit pas à découvrir l'auteur de ce crime, du moins l'accufatrice ne peut jamais être regardée comme une calomniatrice; puifque le corps de délit qu'elle a déferé à la Juftice eft conftant, & averé par la certitude de deux faits : l'un, qu'au moment de la mort, les pacquets étoient dans la caffette du défunt; l'autre, qu'ils ont ceffé d'y être depuis la mort, fans qu'on fçache ce qu'ils font devenus.

Mais fi par les circonftances que l'on vient de relever, le délit eft certain, l'inftruction en manifefte les auteurs.

1°. Le Marquis d'Hautefort s'eft annoncé lui-même comme le coupable, par les attentats inouis aufquels il s'eft porté, pour fe rendre le maître de la perfonne de l'Appellante; & la feverité avec laquelle la Cour a réprimé ces attentats, ne doit point en faire oublier l'énormité.

2°. La lettre qu'il a écrite en réponfe à ces lettres, où on ne lui parloit que d'un projet de mariage, & qu'il fait actuellement valoir avec tant d'emphafe, le trahit, & forme contre lui une démonftration de fentiment, à laquelle il n'a point encore entrepris de répondre. Si en effet il n'a fçu du mariage du Comte d'Hautefort avec l'Appellante, que ce que lui en ont appris ces lettres, où il n'eft parlé que d'un projet de mariage, que la mort inopinée du Comte d'Hautefort a fait évanouir, a-t'il dû écrire *à l'égard du prétendu mariage, je vous conseille d'en oublier jusqu'à l'imagination, personne n'en sera la duppe ; M. d'Hautefort étoit trop connu & trop estimé, pour en pouvoir être soupçonné à son âge ; & tout ce que vous en pourrez dire, ne servira qu'à faire beaucoup de tort à votre réputation, vous faire des ennemis de sa famille, & au bout de cela, cela ne persuadera personne : faites-moi la grace d'être persuadée que je vous donne un bon conseil.* Tout ce verbiage n'a jamais dû échapper au Marquis d'Hautefort, s'il n'a rien trouvé dans les papiers de son oncle qui ait pû l'instruire du mariage, dont les lettres ausquelles il répond, ne lui annoncent qu'un simple projet. Mais il a pû très-naturellement échapper à un homme qui a trouvé parmi les papiers de son oncle, & supprimé les titres qui assuroient la réalité de la celebration du mariage, dont les lettres ausquelles il répond ne lui parlent que comme d'un projet ; & frappé de ce qu'il sçait, par les piéces qu'il a supprimées, beaucoup plus que de ce que lui apprennent les lettres ausquelles il répond, il s'évapore dans des discours embarrassez, pour intimider celle à qui il écrit, & pour lui persuader d'oublier jusqu'à l'imagination de ce mariage.

Mais quelques pressans que soient ces argumens, ils empruntent une nouvelle force des preuves judiciaires, que l'instruction administre.

Il y a, comme on l'a démontré, un corps de délit, consistant dans la suppression de pieces, que des preuves litteralles produites par la main du Comte d'Hautefort assûrent avoir été renfermées dans sa Cassette, jusqu'au moment de sa mort, & l'instruction nous en indique les auteurs sans ambiguité & sans équivoque.

Il est prouvé qu'avant la mort du Comte d'Hautefort, Mandeix le plus ancien de ses domestiques, & le seul qui connût le secret de la Cassette, s'est nanti de la clef de cette même Cassette. Il l'a avoué expressément dans son interrogatoire.

Il est prouvé que Mandeix muni de cette clef, a fouillé dans la Cassette le jour de la mort du Comte d'Hautefort avant l'apposition des scellez, & hors la presence des Officiers de Justice. Il l'a declaré lui-même à deux témoins qui le lui ont soutenu à la confrontation, & contre lesquels il n'a fourni aucun reproche ; & un troisiéme témoin dépose de cette ouverture *de visu*, comme faite en sa présence, & atteste qu'au moment de cette ouverture il y avoit dans la cassette *des paquets cachetez*.

Il est vray que ce troisiéme témoin dit *qu'il n'a point vû ôter de papiers*, mais ce témoin a laissé Mandeix dans sa chambre avec Soutet & Gasselin, & ne peut avoir aucune connoissance de ce qui s'est passé depuis. Mais les pacquets cachetez ont disparu avant que le Commissaire se soit transporté pour apposer le scellé.

La preuve que les pacquets cachetez n'étoient plus dans la Cassette au moment de l'apposition des scellez, résulte de ce qu'il n'est fait aucune mention de ces paquets cachetez dans le Procès verbal d'apposition des scellez. On sçait que dans les scellez, aucun Commissaire du Châtelet ne prend sur lui d'ouvrir des pacquets cachetez, ils se regardent tous comme obligez de les porter au Lieutenant Civil, pour qu'il en fasse lui-même l'ouverture. Tel est constamment l'usage des Officiers du Châtelet ; & supposé que contre l'usage notoire, le Commissaire qui a apposé les

scellez

fcellez eût cru pouvoir fans façon ouvrir ces pacquets cachetez, du moins il auroit fait cette ouverture en préfence des parties interreffées, & fon Procès verbal en feroit foi.

Si les papiers dont il s'agit étoient dans la Caffette du Comte d'Hautefort, au moment de fa mort. Si le plus ancien des Domeftiques du Comte d'Hautefort, qui a depuis paffé & eft actuellement au fervice du Marquis d'Hautefort ; eft convaincu juridiquement d'avoir fouillé dans la Caffette, où ces papiers étoient au moment de la mort du Comte d'Hautefort, & fi depuis que ce Domeftique a fouillé dans cette Caffette, ces papiers ont difparu abfolument fans qu'il en exifte aucune trace, ni dans les Procès verbaux d'appofition & de levée des fcellez, ni dans l'inventaire. Voilà non-feulement un corps de délit certain, mais voilà un premier coupable du crime clairement manifefté à la Juftice ; & dès-là, il eft impoffible de fouftraire ce premier coupable à une peine afflictive que mérite fon crime. Quel eft le caractere de ce crime ? Un vol de papiers commis par un Domeftique qui a fouillé dans une Caffette de fon maître, de la clef de laquelle il s'étoit emparé dès avant la mort de ce maître. S'il l'a fait de fon chef, c'eft un vol domeftique qu'on ne fçauroit punir trop feverement pour l'interêt de la fociété civile & des familles, & pour l'interêt même de fon maître. S'il l'a fait de concert avec fon nouveau maître, au préjudice d'un tiers, il a violé indignement la fidelité qu'il devoit à fon ancien maître ; il a trahi en même-tems par la perfidie la plus noire, & cet ancien maître, & la perfonne qui étoit l'objet de fon affection, en faifant difparoître un paquet dont l'ancien maître s'étoit conftitué dépofitaire à l'égard de cette perfonne. Le crime de ce domeftique n'en eft pas moins atroce, parce que dans la perpetration de ce crime, il eft foutenu du fuffrage & de l'appui de fon nouveau maître, & tout ce qui réfulte du concert de ce domeftique avec ce nouveau maître, eft que le nouveau maître fe trouve le complice de fon domeftique.

Mais peut-on fans vouloir s'aveugler foi-même, révoquer en doute la complicité du nouveau maître de ce domeftique.

S'il s'agiffoit de deniers comptans ou de bijoux prétieux, on pourroit croire qu'un domeftique les a fouftraits pour fatisfaire fa cupidité perfonnelle ; mais il ne tombera fous le fens de qui que ce foit, qu'un domeftique enleve pour fon compte perfonnel des papiers qui ne peuvent intereffer que fon maître & un tiers.

Il y a quelque chofe de plus, & le Marquis d'Hautefort ne doit pas fe flatter de réfifter à la force de cette preuve.

Il eft prouvé au Procès, que Mandeix qui a fouillé avant l'appofition des fcellez dans la Caffette où étoient les papiers dont il s'agit, & qui par la certitude de ce feul fait, eft convaincu d'avoir fupprimé ces papiers, puifqu'ils n'ont jamais paru depuis, a remis au Marquis d'Hautefort des papiers qui n'ont point paffé fous les yeux des Officiers de Juftice, dans une fucceffion où il y a eu un fcellé appofé, fuivi d'un inventaire, & que le Marquis d'Hautefort, à qui ces papiers ont été remis par Mandeix, en a brûlé une partie.

Mandeix a cru s'excufer, en difant qu'il tenoit de Bourguignon l'un des laquais du feu Comte d'Hautefort, les papiers qu'il a remis au Marquis d'Hautefort ; mais fur ce point, il eſt convaincu de menſonge par la dépofition de Bourguignon, fuivant laquelle Bourguignon lui a remis une lettre cachetée écrite au feu Comte d'Hautefort par l'Appellante, & reçue par la poſte, la veille de la mort du Comte d'Hautefort.

Si Bourguignon qui a remis à Mandeix cette lettre cachetée, lui avoit en même tems remis une quantité confiderable d'autres papiers, n'auroit-il parlé dans fa dépofition que de cette lettre cachetée, & n'auroit-il point parlé de ces autres papiers ; S'il eſt évident que Mandeix n'a point reçu de Bourguignon les papiers qu'il a fait paffer au Marquis d'Hautefort, il faut neceffairement qu'il les ait pris ailleurs. Où ces papiers ont-ils donc pû fe trouver ? étoit-ce dans la maifon de Martinon ? mais le Marquis d'Hautefort lui-même dans fon interrogatoire, article 22. a dit *qu'il n'avoit point de connoiffance que le feu Comte d'Hautefort euſt aucuns papiers chez Martinon*, Mandeix avoit donc pris ces papiers dans la maifon du Comte d'Hautefort, & où pouvoit-il les avoir pris, fi ce n'eſt dans la caffette dont il avoit feul la clef, & où il eſt juridiquement convaincu d'avoir fouillé avant l'appofition des fcellez.

Enfin ce qui acheve de démafquer ce crime, c'eſt la contradiction où fe trouvent le Marquis d'Hautefort & Mandeix, fur un fait qui s'eſt paffé entre eux feuls. Mandeix dit dans fon interrogatoire *qu'il n'a point vû de lettre après le décès du Comte d'Hautefort, qui ne fuſt décachetée*, & le Marquis d'Hautefort répond dans le fien, que *Mandeix lui remit après la mort du Comte d'Hautefort, une prodigieufe quantité de lettres cachetées, qu'il y en avoit de quoi remplir au moins un boiffeau*. Voilà de ces contradictions qu'il eſt impoffible de pallier, & qui forment la preuve la plus complete d'un crime commis dans les tenebres.

Ainfi, corps de délict certain par l'inexiſtence actuelle des pieces, qui font avérées par des preuves literales, avoir été dans la caffette du Comte d'Hautefort, jufqu'à fon décès, & les auteurs de ce délict, font manifeſtez à la juſtice, dans la perfonne de Mandeix, convaincu d'avoir fouillé avant l'appofition des fcellez, dans la caffette où étoient ces pieces, & dans la perfonne du Marquis d'Hautefort, qui a reçû des mains de Mandeix *une prodigieufe quantité de pieces, dont il avoue lui-même avoir bruſlé une partie*, & la démonſtration de ce crime confommé entre le maiſtre & le domeſtique, fe trouve complete par les contradictions où ils font tombez, lorfqu'ils ont entrepris d'expliquer à la juſtice la nature & la qualité de ces pieces.

Monfieur GOUALARD DE MONTSABERT, *Rapporteur.*

Mᵉ. AUBRY, Avocat.

CAMUS, Procureur.

De l'Imprimerie de P. A. LE MERCIER pere 1731.

www.ingramcontent.com/pod-product-compliance
Lightning Source LLC
Chambersburg PA
CBHW060443210326
41520CB00015B/3822